緊急対応版

「奨学金」上手な借り方 新常識

ファイナンシャル・プランナー
竹下さくら

青春新書
PLAYBOOKS

学費のことが少しでも心配になったら……

コロナで仕事が減って
家計がピンチ！
学費が払えるか心配
アルバイトができずに
大学退学も…
バイトができなくなって生活が苦しいので退学するかも…
お父さんの会社もコロナで売上が下がっているし
奨学金を借りるっていうのはどうかな？
でも、奨学金って返すのが大変だって言うじゃん？
別にオレ無理して大学行かなくてもいいよ……
でも大学行きたいんでしょ
あなたが大学に行きたいならその気持ちを大事にしたいわ…
ファイナンシャルプランナーに一度、相談してみようか？
そうね

なごみＦＰ
事務所
奨学金は返すときのことまで考えてきちんと計画を立てて借りれば けっして怖いものではないんですよ
でも返すときに子どもがどんな仕事に就けているかなんてわからないですよね？
現在では※1給付型奨学金の枠が広がっていて
返還不要の奨学金を受け取れる学生も増えています
将来返さなくていいということですよね？
はい
年収制限で給付型を受けられないときは…
年収が少なめなら※2貸《たい》与《よ》型の第一種を利用できると返すときに利子がかかりません
同じ借りるのでも
利子がかからないのはありがたい！

※１　給付型＝返す必要のない奨学金

※２　貸与型の第一種＝返す必要はあるが、利子がかからない奨学金

第一種を借りられれば返すときに所得連動返還方式を使えるので
返還
年収
年収が少ない間は返還の負担を減らすこともできますよ
そんな制度があるんですか！
知らなかった
奨学金は制度を知っているかどうかで大きく差がつきます
そうなんですね
……というと？
いまや奨学金はお金に困っているから借りるだけではなくて
安心して学べるように資金にゆとりを持たせるための手段でもあるんです

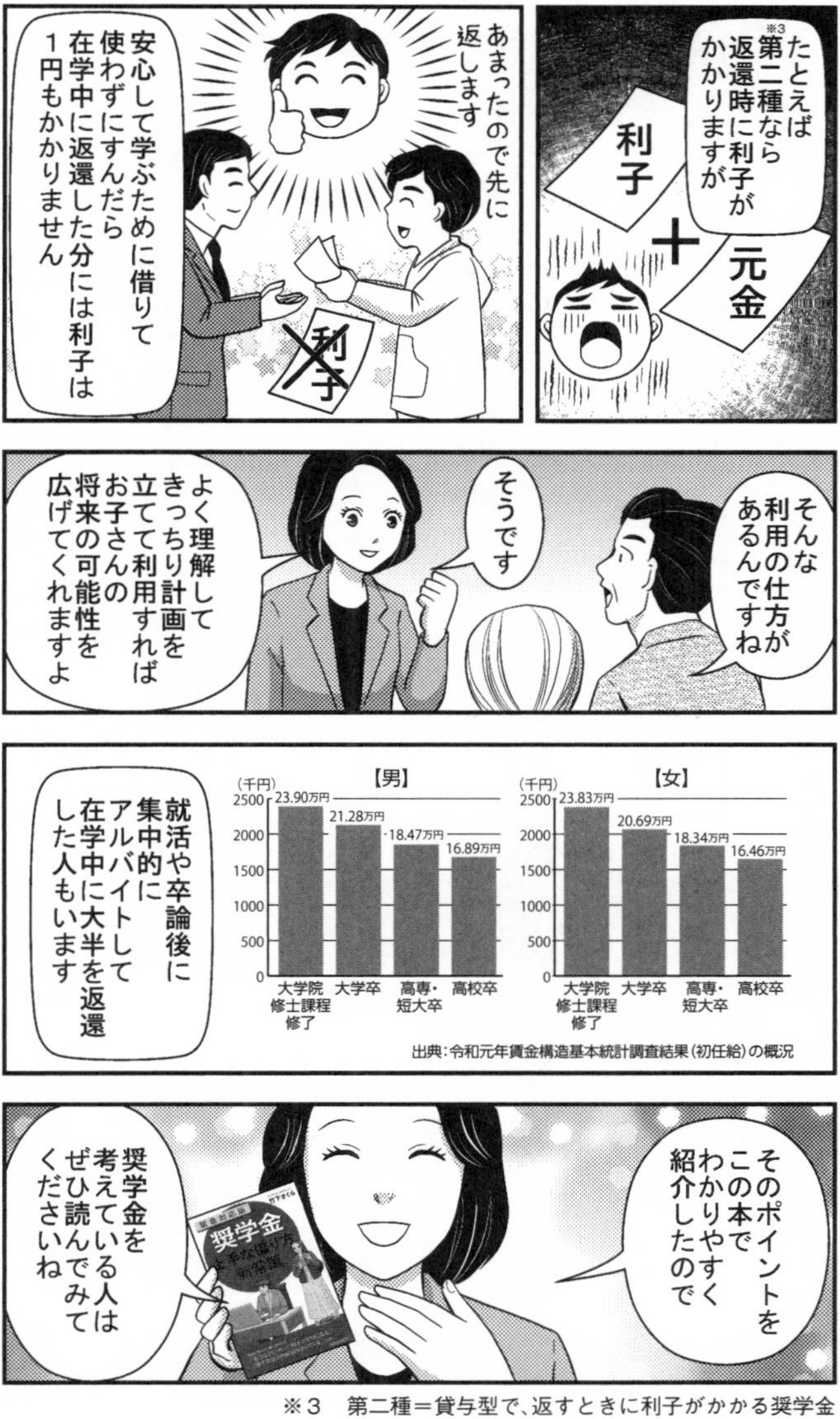
たとえば第二種[※3]なら返還時に利子がかかりますが
利子
＋
元金
あまったので先に返します
安心して学ぶために借りて使わずにすんだら在学中に返還した分には利子は1円もかかりません
利子
そんな利用の仕方があるんですね
そうです
よく理解してきっちり計画を立てて利用すればお子さんの将来の可能性を広げてくれますよ
【男】
(千円)
2500
2000
1500
1000
500
0
23.90万円
21.28万円
18.47万円
16.89万円
大学院修士課程修了
大学卒
高専・短大卒
高校卒
【女】
(千円)
2500
2000
1500
1000
500
0
23.83万円
20.69万円
18.34万円
16.46万円
大学院修士課程修了
大学卒
高専・短大卒
高校卒
出典：令和元年賃金構造基本統計調査結果（初任給）の概況
就活や卒論後に集中的にアルバイトして在学中に大半を返還した人もいます
そのポイントをこの本でわかりやすく紹介したので
奨学金を考えている人はぜひ読んでみてくださいね
奨学金

※３　第二種＝貸与型で、返すときに利子がかかる奨学金

目次

序章

お金のことで進学をあきらめない！
奨学金の新制度
「返さなくていい」給付型の枠が拡大！

第1章 早く動いた人ほど有利！ 高2〜高3春に「やっておくべきこと」

第2章 大学4年間を安心して学ぶために 高3夏〜秋に「確認しておきたいこと」

第3章 高3冬は「何を、いくら借りるか」最終決定のタイミング

返すときの負担をできるだけ減らしておく！

第4章

将来の返還額、ここで差が出る！
大学在学中にしておきたい「授業料免除」「切り替え」「繰上返還」……

第5章 より大きな夢を叶えるための奨学金活用術！ 大学院進学・留学を考えるなら「始めておくべきこと」

※本書で紹介する情報は、とくに断りのないものは2021年3月10日時点のものです。

編集協力／タンクフル
マンガ／緒方京子
図版作成・DTP／エヌケイクルー

年次	月	JASSO（日本学生支援機構）の奨学金申請&受給の流れ	JASSO以外の奨学金	用意するもの等
高校3年	3～4月頃	高校から申し込み関係書類配布 奨学金説明会 ⇩		マイナンバー関係書類を準備
	4～6月頃	予約採用第1回申し込み ＊給付型・第一種（無利子貸与型）・第二種（有利子貸与型） ＊後から辞退も可能なので、奨学金を考えている人は申し込んでおく		
	夏から秋	⇘	大学独自、企業・自治体・財団などの奨学金予約採用始まる ＊実際にその大学を受験するかどうか未定でも申し込める。後から辞退も可能 ⇙	
	10月頃	第1回結果通知		

奨学金を賢く利用するタイムスケジュール

- **10〜11月頃**　予約採用第2回申し込み
  - ＊第二種（有利子貸与型）のみ
- **2月頃**　第2回結果通知

大学入学後

- **4月**　入学金・授業料の減免を受けられるかどうかを確認
  - 大学独自の授業料減免制度を確認
  - 奨学金では間に合わない入学金＆前期授業料等を用意（推薦入試などでは前年内に入学金の支払期限が設定されていることも）
- 進学届の提出
  - ＊「どの奨学金をいくら借りるのか」を最終決定
  - ＊予約採用のキャンセルはこのタイミングで
- **毎年4月**　在学採用申し込み・奨学金の切り替え
- **毎年5〜6月**　在学採用結果通知

時期	
大学4年 5〜7月	**奨学金第1回受給**
9月・11月・1月頃	**大学院向け奨学金の予約採用申し込み** （予約採用を行っていない大学院もある）
秋頃	**返還方式を確定** （大学最終年の3月まで借りる人の場合） ＊第一種なら「定額返還方式」か「所得連動返還方式」か ＊第二種なら「利率固定方式」か「利率見直し方式」か
在学中	**繰上返還を検討**
大学卒業後 10月	**第1回返還** （大学最終年の3月まで借りていた人の場合）

奨学金辞退後または満期（最終振込後）なら繰上返還が可能。第二種でも在学中に返した分は利子がかからない

返還が難しくなったら「減額返還」「返還期限猶予」の制度を利用する

序章

お金のことで進学をあきらめない！

奨学金の新制度
「返さなくていい」給付型の枠が拡大！

「お金がなくても大学に行ける」可能性が広がった！

大学をあきらめなくていい理由1

入学金も授業料も支援してもらえる新制度がスタート

大学や専門学校への進学を希望する高校生にとって、気になることのひとつが「お金」のこと。とくに、新型コロナウイルス感染症の影響などで自分の家庭の収入が激減してしまい、「大学に合格しても、とても授業料を払い続けることができそうもない」と進学をあきらめかけている人もいるかもしれません。

そんな人たちに向けて、文部科学省は2020年5月「学生の〝学びの支援〟緊急パッケージ」を新設、同年12月に始まりました。大学などに進学して「学びたい」という意欲ある高校生が、「お金」のことで進学を断念することがないように後押しする新制度です。

もともとは、すでに大学などに進学している人が、新型コロナウイルス感染症の影響など

〈図表0－1〉2020年からスタートした新制度

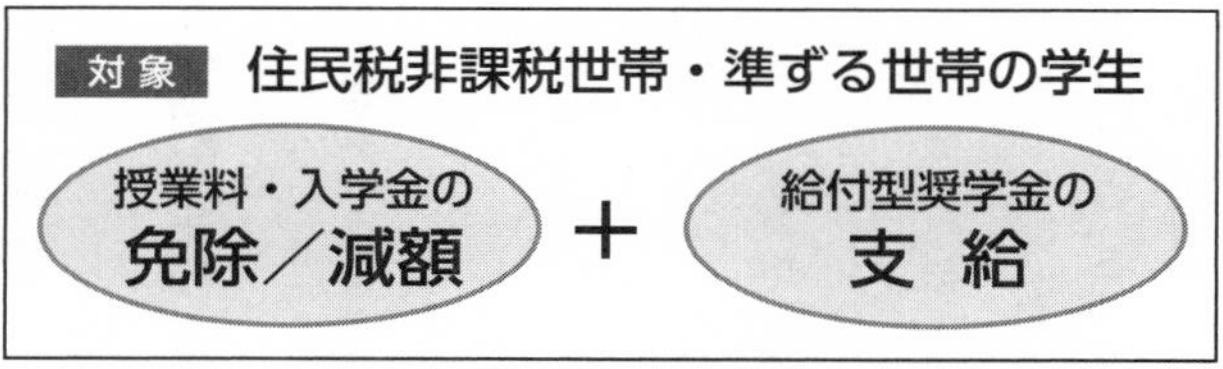

新しい「修学支援制度」では「授業料・入学金の減免」と「給付型」の奨学金がセットになっている。

文部科学省「新型コロナウイルス感染症の影響で学費等支援が必要になった学生のみなさんへ」より作成

でアルバイトができなくなったり、家計が急変したりしたことが理由で「授業料を払えない」「大学を中退するしかない」となってしまうのを救済する「緊急」支援ですが、２０２１年度も継続されています。

　つまり、これから大学などへの進学を希望している高校生も、この新制度を利用できれば、入学金の免除や授業料の減額、「返さなくてもいい」給付型奨学金、「無利子」の貸与《たいよ》型奨学金などでの支援を受けられることになります。

　例えば、新たに実施された「高等教育の修学支援新制度」では、「授業料・入学金の減免」と「給付型」の奨学金がセットになっていて、国公立大学の学生であれば最大約１６２万円、私立大学の学生なら最大約１８７万円もの支援を受けられます。「お金がないから大学進学をあきらめる」必要はない時代になってきています。

Check 1

まずは奨学金の「基本のキ」を押さえておこう

奨学金を考えるとき、多くの場合、独立行政法人日本学生支援機構（ＪＡＳＳＯ《ジャッソ》）の奨学金を借りることになります。

もちろんＪＡＳＳＯの奨学金だけでなく、大学独自の奨学金や地方自治体、企業、財団などが提供している奨学金もあり、それらも第２章で紹介していますが、本書では、まずは最も利用者が多いＪＡＳＳＯの奨学金を中心に活用のポイントを説明します。

そこで、まずは本書を読み進めていくにあたって、覚えておいてほしい奨学金の「基本のキ」を書いておきます。この７つのポイントを頭に入れて読み進めていくことで、奨学金を借りるときに気をつけるべきこと、大切なことがわかると思います。

ちなみに、ＪＡＳＳＯの奨学金は先輩たちが返すお金がこれから借りたい人に使われる仕組みであることから、返済と言わず「返還」を用いています。そのため、この本でも奨学金を返すことを「返還」で統一しています。

〈図表0－2〉奨学金とは……

①	通っている「高校を通じて」本人が申し込む制度である。
②	奨学金には「返さなくていい」給付型と「返さなくてはならない＝返還義務のある」貸与《たいよ》型がある。
③	貸与型を返還する（返す）には、大学卒業後、おおむね9～20年かかる。
④	貸与型には返還する（返す）ときに、利子がつく「第二種」と利子がつかない（無利子の）「第一種」がある。
⑤	第二種を返還するときの利子の算定方法には「利率固定方式」と「利率見直し方式」（変動）がある。
⑥	第一種の返還では、毎月決まった金額を返還する「定額返還方式」と、本人の収入に応じて返還額が変動する「所得連動返還方式」がある。
⑦	第一種も第二種も、将来、返還するのが難しくなったら、救済制度がある。

大学をあきらめなくていい理由2

「アルバイトができなくて学費が払えない」そんな学生の支援策もスタート

「学生の〝学びの支援〟緊急パッケージ」では、「アルバイト代減収への緊急支援」と「家計急変世帯への緊急対応」の２つの支援策があります。

▼「学生支援緊急給付金」で最大20万円を受け取れる

大学に進学したら、アルバイトで学費や生活費をまかなおうと考えている高校生もいるでしょう。

ところが、新型コロナウイルス感染症の影響が長期化したら、アルバイトでの収入を得られないことも考えられます。

そんな悩みを抱える学生を支援するのが「アルバイト代減収への緊急支援」です。

アルバイト代の大幅減収で、大学などに通い続けることが困難になった学生に対して「学

〈図表 0－3〉「学生支援緊急給付金」で最大 20 万円を受け取れる

◇対象学生：国公私立大学（大学院含む）・短大・高専・専門学校（日本語教育機関を含む） 家庭から自立してアルバイト収入により学費などをまかなっている学生等で、今回の新型コロナウイルス感染症拡大の影響で当該アルバイト収入が大幅減少などすることにより、大学等での修学の継続が困難になっている者
◇給付額：住民税非課税世帯の学生　20 万円 上記以外の学生　10 万円

文部科学省「学生の“学びの支援”緊急パッケージ」より作成

生支援緊急給付金」として10万円、住民税非課税世帯の学生であれば20万円が給付されます。

すでに大学などに在学している学生を対象とした緊急支援策ではありますが、新型コロナウイルス感染症の影響が長期化することも見据えて、2021年度も継続して実施されています。

大学をあきらめなくていい理由3

「収入激減」「学費が払えない」……家計急変世帯への緊急対策も拡充

大学進学を希望しているけど家庭の収入が激減し、進学しても「大学に通い続けられるかが不安」という高校生も多いのではないでしょうか。

これまでも学生の親の死亡、病気、事故や、自然災害などで「家計が急変」した場合の支援制度はありましたが、それが、新型コロナウイルス感染症の影響で、さらに拡充されました。

「家計急変世帯への緊急対応」では、例えば親が仕事を失って収入がなくなってしまったなど家計が急変したら、すぐに申請して給付型奨学金の支給を受けられるようになりました。申請は「随時受け付け」、支援は「随時実施」となったのです。

家計が急変してから3カ月以内に申し込めば、認定後に「申請のあった月から支援開始」です。しかも、家計急変の支援対象となるかどうかの判定は、家庭の「前年の所得」ではな

〈図表0-4〉「家計急変」世帯への緊急対策

	原則	家計急変の場合の特例
申し込み	年２回（4月始期分、10月始期分）	随時（急変事由の発生後３カ月以内に申し込み）
支援開始時期	4月始期　または10月始期	随時（認定後速やか） ※新型コロナウイルス感染症の影響を踏まえ、当分の間、申請日の属する月から支給開始できるよう運用拡充
対象者	家計、学業その他の要件を満たす者	急変事由が生じた者のうち、家計、学業その他の要件を満たす者
所得基準	住民税非課税世帯・これに準ずる世帯について、下記の算式により判定 市町村民税所得割課税標準額×6%－（調整控除の額＋税額調整額）	左記に準ずる額（年間見込額を基に基準額を算定）
判定対象となる所得	前年所得	急変事由が生じた後の所得

文部科学省「新型コロナウイルス感染症の影響で学費等支援が必要になった学生のみなさんへ」より作成

く、「急変後の所得」で判定されます。家計が急変したら「すぐに支援を受けられる」ように給付型奨学金も拡充されたのです。

Check 2

新制度で支援を受けるには「自己申告」がより大切に

ここまで説明してきた「学生支援緊急給付金」や「家計急変世帯への緊急対応」の支援を受けるには、大学に進学した後に、学生が自ら「それらの支援策を利用できるかどうか」進学した学校に問い合わせる必要があります。つまり、「自己申告」が「いままで以上に大切になった」ということ。

例えば、「学生支援緊急給付金」は、原則的には家庭から自立し、アルバイトで学費や生活費をまかなっている学生が対象ですが、自宅生でも家庭から学費などの援助を受けない場合は、学生支援緊急給付金の対象となりえます。この場合も、自己申告が必要です。どんな学生が新たな支援の対象となるのかは、最終的には大学が学生からの自己申告にもとづいて判断します。

また、「家計急変世帯への緊急対応」で給付型を申し込む学生に対しては、「急変後の所得」を基準とします。貸与型でも以前から在学生を対象に緊急採用（第一種）と応急採用（第二種）を実施しており、同様の対応をしています。

そのため、高校生のときに「家計の所得基準から希望する奨学金を借りられなかった」という学生も、大学入学後に新たに申し込めば支援対象になる可能性があります。自分が通う大学に自己申告して、支援対象となるかどうかを確認することが大切です。

大学をあきらめなくていい理由4

「返さなくていい」給付型奨学金を受けられる人数が大幅に増加

2020年から、「授業料・入学金の減免＋給付型奨学金」で学生を支援する「高等教育の修学支援新制度」がスタートしたことは先に説明しました。

この新しい制度のもとで、「返さなくていい」給付型奨学金を受け取れる学生の人数が大幅に増加しています。一定の条件を満たせば、申し込んだ「全員」が給付型を受け取れるようになったのです。

一定の条件とは、「家計の収入」と「学力」の2つです。

「家計の収入」については、細かな条件はあるものの、「住民税非課税世帯、もしくは、それに準ずる世帯であること」が条件です。両親・本人・中学生の家族4人世帯の場合の目安でいえば、年収約380万円までが対象になるイメージです。

学力については「高等学校等における全履修科目の評定平均値が、5段階評価で3・5以

〈図表0－5〉給付型の対象となる学生は？

要件を満たす学生全員が支援を受けられます。
高等学校や大学等ごとの人数制限（推薦枠）はありません。

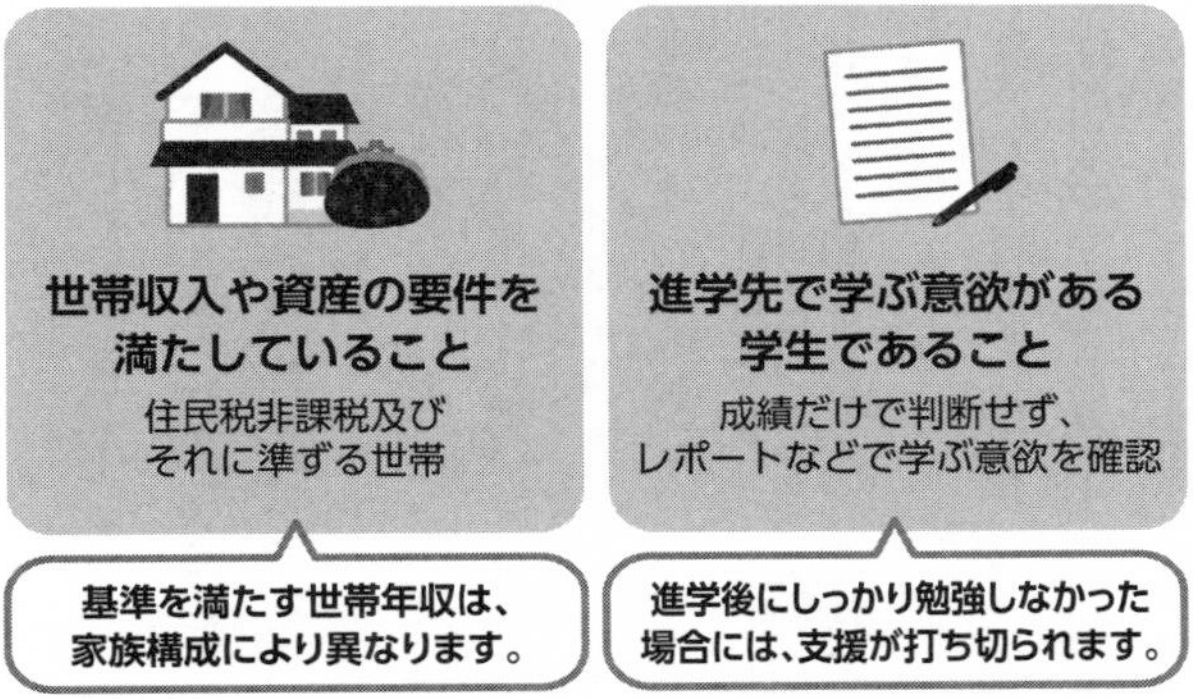
世帯収入や資産の要件を満たしていること
住民税非課税及びそれに準ずる世帯
基準を満たす世帯年収は、家族構成により異なります。
進学先で学ぶ意欲がある学生であること
成績だけで判断せず、レポートなどで学ぶ意欲を確認
進学後にしっかり勉強しなかった場合には、支援が打ち切られます。

この他にも要件があります。詳しくはJASSOや文部科学省のホームページや学校から希望者に配布される「給付奨学金案内」等で確認してください。

文部科学省「高等教育の修学支援新制度」資料より作成

上であること」、もしくは「将来、社会で自立し、及び活躍する目標をもって、進学しようとする大学等における学修意欲を有すること」の、「どちらかに該当すること」とされています。「5段階評価で3・5以上」でなくとも、「学ぶ意欲」があれば基準をクリアできるため、高校までの学力をもとにした基準は事実上「ない」と考えられるかもしれません。

　つまり、「住民税非課税世帯か、それに準ずる世帯」であれば、申し込めば「全員」が給付型を受け取ることができるようになったのです。

「返さなくていい」給付型奨学金で受け取れる金額が大幅アップ

それでは、給付型を受けられる場合、毎月いくらまで受け取れるのでしょうか。新しい制度のもとでは、給付型の支給額も大幅にアップしています。

給付型では、「世帯の収入」によって受け取れる金額が決まってきます。概要を示すと、4人世帯（両親、本人、弟あるいは妹）で生計維持者が給与所得者の場合、世帯の収入が約270万円までの「第Ⅰ区分」、約300万円までの「第Ⅱ区分」、約380万円までの「第Ⅲ区分」の3つに分類され、それぞれの区分で受け取れる金額が細かく決められています（給付額など詳細は68ページで説明）。

例えば、世帯の年収が約250万円の第Ⅰ区分の学生が、実家から離れて国公立大学に通うケースでは、条件が「第Ⅰ区分・国公立大学・自宅外」となり、毎月6万6700円、年間80万400円を受け取れます。以前の給付型が「国公立大学・自宅外」では毎月3万円、

〈図表0-6〉給付型奨学金の支給額は？

住民税非課税世帯（第Ⅰ区分）の場合は、下記の額が支給されます。
（住民税非課税世帯に準ずる世帯（第Ⅱ区分、第Ⅲ区分）の場合は図表0-8参照）

給付型奨学金の支給月額

（住民税非課税世帯〈第Ⅰ区分〉の場合）

区　分		自宅通学	自宅外通学
大学・短期大学・専門学校	国公立	29,200円（33,300円）	66,700円
	私立	38,300円（42,500円）	75,800円
高等専門学校	国公立	17,500円（25,800円）	34,200円
	私立	26,700円（35,000円）	43,300円

生活保護世帯で自宅から通学する人および児童養護施設等から通学する人は、カッコ内の金額となります。

JASSO 給付型奨学金支給額より作成

年間36万円だったのと比べると２～３倍と大幅に増額されているのがわかります。

給付型で受け取れる支給額は、「第Ⅰ区分」の金額を上限に、第Ⅱ区分でその「３分の２」、第Ⅲ区分で「３分の１」を受け取れるように決められています。

例えば、世帯の年収が２９０万円の第Ⅱ区分で、「国公立大学・自宅外」の学生であれば、第Ⅰ区分の６万６７００円の３分の２＝毎月４万４５００円、年間53万４０００円を受け取れます。

大学をあきらめなくていい理由6

入学金や授業料を「免除」「減額」してくれる制度も新たにスタート

給付型を受け取れる学生の人数を増やし、支給額をアップしたのと合わせて、大学などに支払う入学金や授業料を「免除（払わなくていい）」してくれたり、「減額」してくれたりする新制度もスタートしました。

29ページでも簡単に説明した「高等教育の修学支援新制度」の「授業料・入学金の減免＋給付型奨学金」です。ここでは詳しく説明します。

この新制度は、「給付型の対象者となった学生」が、「入学が決まった大学などに自ら申請（自己申告）する」ことで、入学金や授業料の免除や減額を受けられるものです。

免除や減額される金額は、給付型の支給額と同じように、世帯の収入が「第Ⅰ区分」、「第Ⅱ区分」、「第Ⅲ区分」のどれに該当するか、また、進学先の大学が国公立か私立か、自宅から通うのか自宅外から通うのかといった条件によって決められています。

〈図表0－7〉入学金・授業料の免除・減免も受けられる!

新しい給付型奨学金の対象者は、別途、進学先の大学等に申し込むことで、入学金と授業料の免除・減額を受けることができます。
（住民税非課税世帯に準ずる世帯（第Ⅱ区分、第Ⅲ区分）の場合は図表0-8参照）

授業料等の免除・減額の上限額（年額）

（住民税非課税世帯〈第Ⅰ区分〉の場合）

	国公立		私立	
	入学金	授業料	入学金	授業料
大学	約28万円	約54万円	約26万円	約70万円
短期大学	約17万円	約39万円	約25万円	約62万円
高等専門学校	約8万円	約23万円	約13万円	約70万円
専門学校	約7万円	約17万円	約16万円	約59万円

「入学金」の免除・減額を受けられるのは、入学月から支援対象となった学生です。夜間部や通信教育課程の場合は、これとは別の額になります。

文部科学省「高等教育の修学支援新制度」資料より作成

この制度を利用すれば、例えば、住民税非課税世帯の第Ⅰ区分で、国公立大学に進学した学生なら、給付される奨学金と合わせて、初年度で最大約162万円、私立大学に進学した学生なら最大で約187万円もの支援を受けられます。

この金額は、これまでの奨学金制度での「私立大学に自宅外から通う学生」が「4年間で受け取る最大額＝192万円」に匹敵するほどの金額です。

つまり、従来の4年分の給付型の支給額と同程度の支援を「1

〈図表 0－8〉給付型と授業料減免でこれだけの支援を受けられる!

世帯収入に応じた3段階の基準で支援額が決まります。

4人家族〈本人（18歳）・父（給与所得者）・母（無収入）・中学生〉で、
本人がアパートなど自宅以外から私立大学に通う場合の支援額（年額）

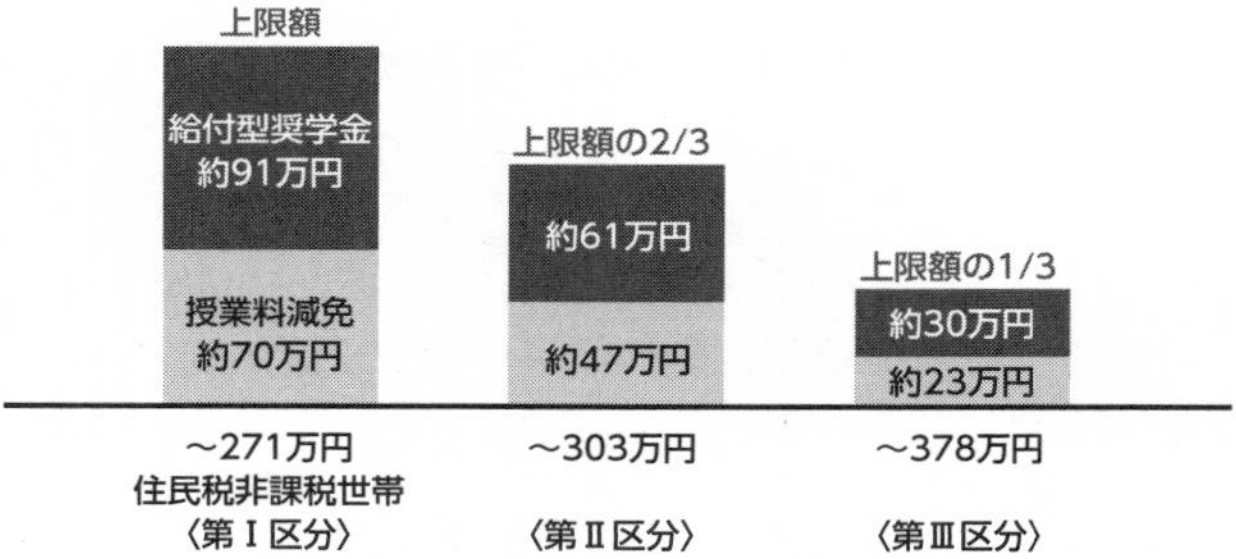

毎年6月に更新される所得（住民税）情報で区分が判定されるので、例えば高校生のときに申し込んで対象外だった場合も、進学後（秋以降）に申し込んで支援対象となる可能性があります。

文部科学省「高等教育の修学支援新制度」資料より作成

年間で」受けられるようになったのです。

　これから大学への進学を考える高校生もぜひ、この新制度を利用できるか検討しましょう。

奨学金は「早く動いた人」ほど有利に活用できる

新制度はいつまで続く？早め早めの準備が功を奏する

ここまで、奨学金制度が大きく変わり、「お金のことで大学進学をあきらめる」必要がなくなったことを説明してきました。

あわせて、いま、高校3年でこれから進学を考えている人が、大学4年間で必要となるお金を準備するなら、やはり従来の奨学金制度をきちんと理解し、有効活用することが大切です。

従来の奨学金を上手に活用するには、何よりも「きちんと準備する」ことが重要。多くの高校生やその親は、「まだ志望校も決まっていない」といったことから、奨学金について真剣に考えるのをつい「後回し」にしてしまうことがあるようです。

〈図表0－9〉早く動けばメリットたくさん！

早く動けば……

- 高校３年春に「返さなくていい」給付型に申し込める！
- 「利子がつかない」第一種に申し込めるチャンスが２回（高校３年春と大学入学後）になる！
- 申し込み締め切りが早い、大学独自や企業、地方自治体、財団などの奨学金に申し込めるチャンスが広がる！

ところが、「志望校が決まっていなくても」、「進学するかどうかも決まっていなくても」、申し込めるのが奨学金です。しかも、申し込んだ内容は、大学に進学後に手続きをする段階で、辞退したり、金額や返還方式を変更したりすることが可能です。

例えば、経済的に安心して大学に進学するために、ぜひとも活用したい給付型や貸与型の第一種は、高校生で申し込めるチャンスは毎年4月～6月、自分（お子さん）が通っている高校を通じて申し込む第1回「予約採用」だけです。

つまり、ほとんどの高校生が志望校も固まっていないときに、給付型や貸与型の第一種など「有利な奨学金」の申し込みが始まり、そして締め切られてしまうのです。進学前にお金の心配を少しでも軽くしておくには、高校生のときから早めに準備して、自分にとって有利な奨学金を受けられるように動くことがとても重要なのです。

希望通りに借りられなくても、他にたくさんの選択肢がある

ＪＡＳＳＯ以外の奨学金は「締め切り時期」に注意！

ＪＡＳＳＯでは、給付型を受けられる学生の人数＝枠を拡大していますが、申し込んだ人が全員、給付型を受けられるわけではありません。ＪＡＳＳＯの給付型を申し込んだのに条件を満たさず受けられなかった、給付型を受けても大学生活にかかる授業料や生活費には足りないという場合、多くの人は貸与型の第一種、もしくは第二種を借りることになります。

そんなときに、「ＪＡＳＳＯ以外の給付型」に申し込むことも検討してみましょう。

じつは、大学独自で用意しているものや企業、地方自治体、財団、任意団体など、さまざまな組織・機関・団体などが「返さなくていい」給付型を用意しています。

こうした、ＪＡＳＳＯ以外の給付型を申し込むときに注意したいのが、申し込みの時期です。高校3年の9月～10月頃に申し込むなど意外に締め切りのタイミングが早いものもある

〈図表0－10〉JASSOのホームページで「JASSO以外」の奨学金制度を検索できる

からです。これらの奨学金は申し込んで採用されても、後から辞退できるものが多いので、「志望校が決まっていない」段階でも申し込みをしておきましょう。

もし、JASSOの給付型や貸与型を受けられるようになって、あわせてJASSO以外の給付型も受けられるようになったら、返還義務のある貸与型のほうを取りやめたり、減額したりできます。JASSO以外の奨学金については、第2章の96～115ページで紹介します。

コラム１

借り方を間違えると利子だけで「１００万円多くなる」ことも

さて、奨学金には、給付型と貸与型があります。貸与型を借りるとき、借り方を間違えると、返還するときに数十万円、ときには「１００万円も多く」返さざるをえないケースがあることは、あまり認識されていないようです。返還時に大きな差がつく理由は、貸与型につく「利子」です。

貸与型には、返すときに利子がつかない「第一種」と、利子がつく「第二種」があります。例えば、第一種、第二種ともに、毎月3万円を4年間借りたとすると、４年間の総額は（3万円×12カ月×４年＝）１４４万円です。

ＪＡＳＳＯの奨学金貸与・返還シミュレーションで計算すると、返す金額は、第一種では利子がつかないので１４４万円のままですが、第二種では仮に利子を年１％で計算すると総額約１５４万３０００円を13年かけて返還することになります（返還期間は自動的に決定されます）。利率は変化し、過去には1・9％にまで上昇したことがありました。1・9％にもなると、総額144万円を借りた人は、約164万円を13年かけて返還しなくてはならない計算となり、利子だけで約20万円にもなります。

しかも、この「利子だけで約20万円」という差額は、毎月3万円を借りた場合です。第二種で限度額いっぱいの毎月12万円を4年間借りると、総額では576万円借りたことになります。仮に利子が1・9％とすると返還総額は約698万円（返還期間20年）にもなる計算で、120万円以上も多く返すことになります。

こうした場合には、利子がつかない第一種と第二種を組み合わせて借りる「併用」がおすすめです。第一種で月額6万4000円を借りて、第二種で月額5万円を借りて毎月11万4000円（※注・借りられる金額の組み合わせ上、ぴったり12万円にはならないため）を4年間「併用で借りる」という工夫をすると、仮に利率が1・9％でも返還総額は約598万円。全額を第二種で借りた場合と比べて、返還の負担を約100万円、軽くできるのです。

第1章

早く動いた人ほど有利！
高2～高3春に「やっておくべきこと」

序章では、大学などに進学して「学びたい」という意欲がある高校生が、「お金」のことで進学を断念することがないように、国が後押しする新たな取り組みや支援策について説明しました。

それらの支援策や奨学金を上手に活用するためには、「早く動く」ことが何よりも大切です。奨学金を借りるための準備をするのに「早すぎる」ことは決してありません。「早く動いた人ほどトクをする」と思ってください。

「返さなくていい」給付型や、返還時に利子がつかない第一種など、「自分に有利な奨学金」を利用するためには、高校2年の終わりから高校3年の春にかけて動きだすことが肝心です。

この章では、高校2年の終わりから高校3年の春にかけての「いまから、やっておくべきこと」を説明します。

この時期から動きだすことで進学費用の負担が大きく変わる

やっておくべきこと1

奨学金を借りるための「最初の一歩」は

高校2年の終わりから高校3年の春にかけての時期は、奨学金を借りるにあたっての最初の一歩を踏み出すとき。この時期に大切なことは、

・自分（お子さん）が通っている高校での奨学金の説明会に「必ず参加する」
・奨学金の申し込みに必要な書類、特に「マイナンバー」関係書類をあらかじめ準備する
・高校3年の4月〜6月頃の「予約採用の第1回申し込み」で申し込む

〈図表1-1〉奨学金を借りるための「最初の一歩」

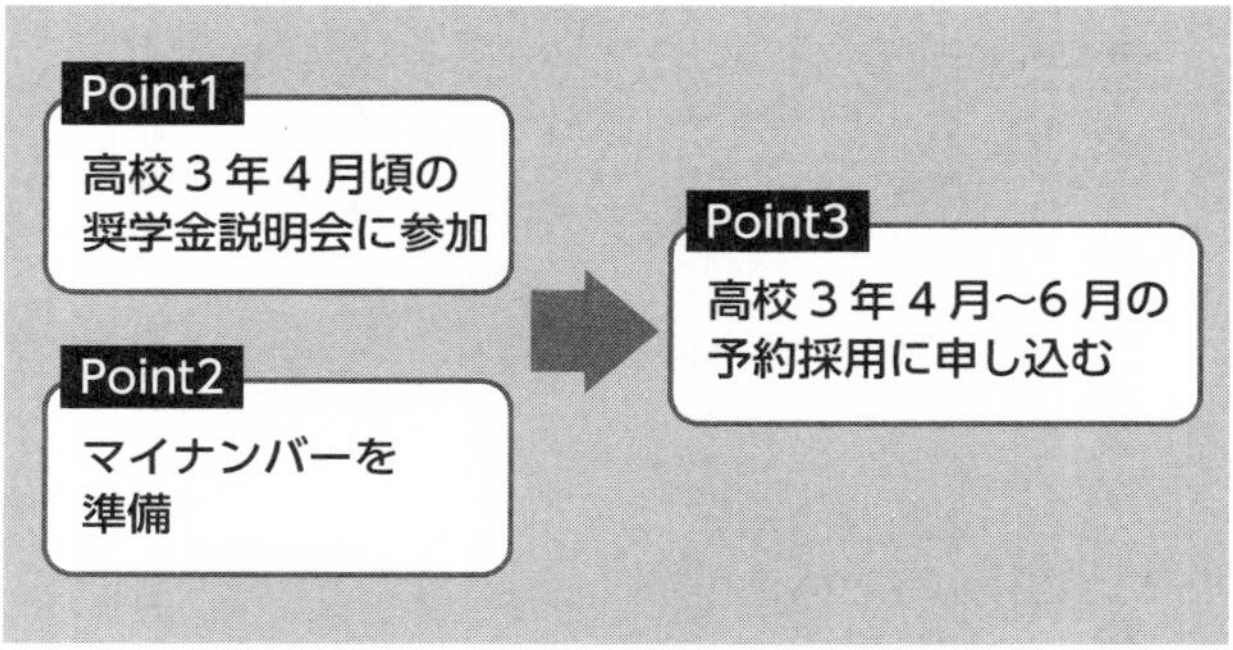
Point1
高校3年4月頃の
奨学金説明会に参加
Point2
マイナンバーを
準備
Point3
高校3年4月〜6月の
予約採用に申し込む

の3点です。順番に説明します。

JASSOの奨学金は原則として在学している「高校を通じて申し込む制度」です。通常、高校3年の4月か5月に高校で奨学金の説明会が開かれます。

くれぐれも「気がつかないうちに説明会が終わっていた」ということがないようにしてください。実際、高校3年生の中には、「奨学金を借りるかどうかも決めていないうちに説明を聞いても仕方ない」といった理由で、説明会に参加しない人もいます。

また、お子さんが高校から「説明会のお知らせ」を受け取っていても、親がそれを知らず、夏休みが終わった頃にようやく「奨学金を借りたいのですが」と高校に問い合わせるケースも多いと聞きます。「後の祭り」にならないように、高3の春に開かれる奨学金の説明会には必ず参加するようにしてください。

やっておくべきこと２

奨学金の申し込み方法を確認する

高校での奨学金の説明会が終わると、奨学金の申し込みがスタートします。

「えっ、もう始まるの？」

「まだ志望校も奨学金を借りるかどうかも決めていないのに」

という人もいるでしょう。

しかし、給付型や貸与型の第一種の奨学金を利用するためには、遅くとも「奨学金の説明会が終わったタイミング」で、奨学金の「予約採用」の申し込みに向けた準備を始めなくてはなりません。

それではどうやって奨学金を申し込むのでしょうか。

奨学金の予約採用の申し込みは、「スカラネット」を通じて申し込みます。「スカラネット」とは奨学金の申し込みなどに使用するＪＡＳＳＯのインターネット情報システムで、このシ

〈図表1－2〉奨学金の申し込みから奨学生に採用されるまで（予約採用）

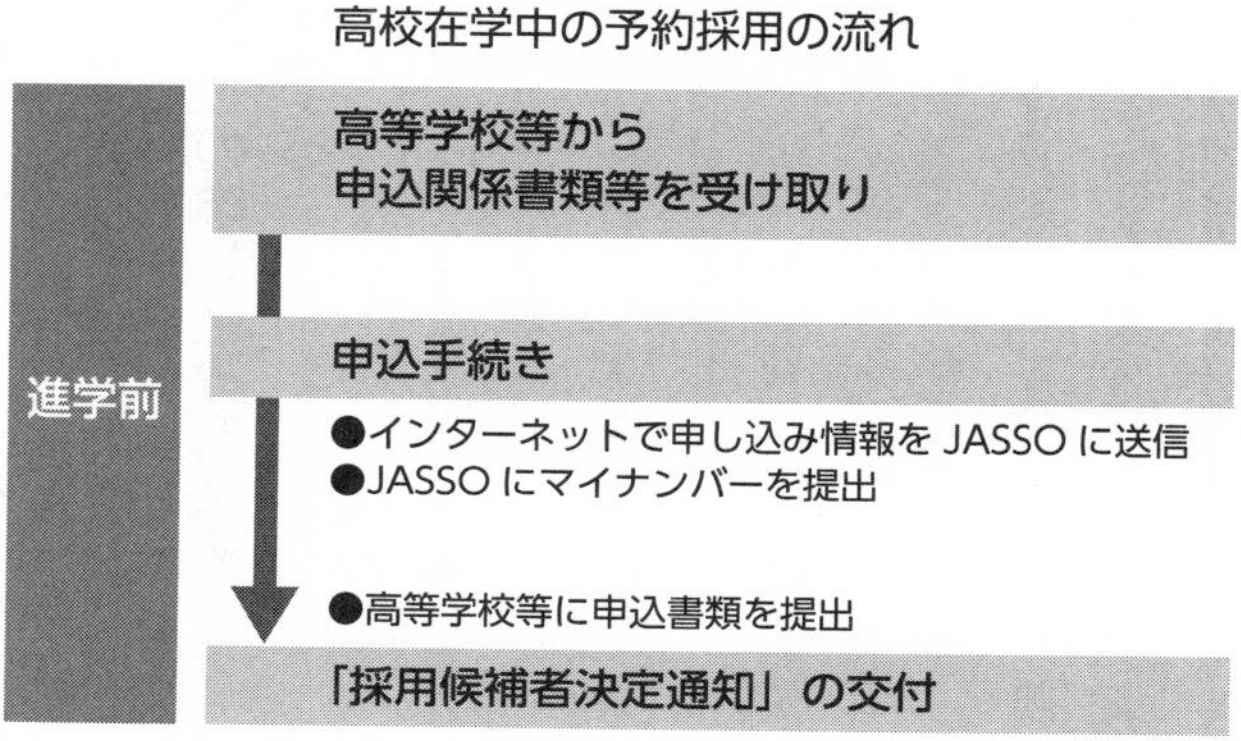
高校在学中の予約採用の流れ
進学前
高等学校等から
申込関係書類等を受け取り
申込手続き
●インターネットで申し込み情報を JASSO に送信
●JASSO にマイナンバーを提出
●高等学校等に申込書類を提出
「採用候補者決定通知」の交付

ステムを使用しないと奨学金の予約採用に申し込めません。

利用のための本人識別番号（ユーザーIDとパスワード）は、在学中の高校を通じて申し込んだ本人に通知されます。

そして、「スカラネットでの申し込み」と必要な書類等の提出も、それぞれ自分（お子さん）が通う「高校が決めた期限（締め切り）」までに完了しなくてはならないので注意してください。

この期限については、高校ごとに異なるので必ず確認するようにしましょう。

〈図表1-3〉JASSOのインターネット情報システム「スカラネット」

奨学金を申し込むJASSOのインターネット情報システム「スカラネット」。申し込み期限は高校によって異なるので、自分が通っている高校に必ず確認すること。

Check 3

予約採用の申し込みには「マイナンバー」が必要

予約採用の申し込みには、奨学金を申し込む「本人」と両親や保護者など「生計維持者全員」の「マイナンバー」が必要です。これまでは、両親や保護者など生計維持者の所得証明書類などの提出が求められていましたが、それがなくなり、代わりにマイナンバーで世帯の収入などの状況を確認するようになりました。

しかも、「スカラネットでの申し込みの入力」をした後、1週間以内にJASSOにマイナンバー関係書類を送らなければなりません。まずは、「本人と生計維持者全員のマイナンバーカードがあるか」、マイナンバーカードを持っていない場合にはマイナンバーの「通知カード」があるかを確認しておきましょう。

▼マイナンバーを準備できない場合、所得証明書など代用書類を準備

なお、生計維持者が海外に居住しているといった理由でマイナンバーを取得していない場合

〈図表 1－4〉マイナンバーカードがない場合の必要書類（代用書類）

	給付型	貸与型
マイナンバーを提出できない人全員	「（非）課税証明書」 ※以下の記載があるもの ・課税標準額 ・調整控除額 ・税額調整額 ・扶養親族数 ・控除等に係る本人該当区分 ・合計所得金額 ・総所得金額等	「所得証明書」 ※以下の記載があるもの ・市区町村民税所得割 ・給与収入額 （給与所得がある場合） ・所得の内訳ごとの金額 （給与以外の所得がある場合） ・合計所得金額 （無収入の場合、0円と記載）
	海外居住等により「（非）課税証明書」「所得証明書」が取得できない場合、代わりに、JASSOのホームページ等で収入等に関する追加書類を確認し提出	

JASSO「申込みのてびき」より作成

には、これまで通りに「（非）課税証明書」や「所得証明書」など、「マイナンバー代用書類」の提出が必要です。詳細はJASSOのホームページなどで確認できます。

所得証明書を提出する場合、「源泉徴収票で大丈夫」と思うかもしれませんが、源泉徴収票では原則、受け付けてもらえません。源泉徴収票は、その勤務先の収入しか証明できず、勤務先がその１カ所であるかどうかが判断できないためです。「（非）課税証明書」や「所得証明書」は、市区町村役場で発行されますが、時間がかかる場合もあり、うっかりすると奨学金の申し込み締め切りに間に合わないこともありえます。あらかじめ準備できるものは準備しておくようにしましょう。

やっておくべきこと3

借りるかどうか迷っていても、とりあえず「予約採用」で申し込んでおく

さて、高校での奨学金の説明の後には、4~6月頃の第1回の予約採用の申し込み締め切りに間に合うように奨学金を申し込むことが大切です。

この時期には、「志望校も決まっていないので、奨学金をいくら借りればいいのかわからない」人がほとんどでしょう。そのため、予約採用の申し込みをやめてしまう人もいます。

ところが、予約採用で申し込んだ各奨学金の内容は、大学入学後に「進学届」を提出するときに、ほとんどの項目で変更可能です。予約採用の申し込みの時点では、借りる額や返還方法を仮に決めておいて、入学後の進学届を提出するときまでに決めればよいのです。

しかも、第1回の予約採用で申し込むことで、希望する奨学金を受けられるチャンスが広がります。

まず、高校3年のときに給付型を申し込むには、4~6月頃の第1回の予約採用でしか受

〈図表１－５〉予約採用で申し込むほうが「断然有利!」

- ●「返さなくていい」給付型を受けられるチャンスが２回に！
- ●「利子がつかない」第一種を借りられるチャンスが広がる
- ●奨学金を受け取れるタイミングが在学採用よりも早くなる！

け付けてもらえません。貸与型の第一種も同様です。第１回の予約採用で認められればそれでよし、認められなくても、大学入学後の在学採用で給付型や貸与型の第一種に再度、申し込むことができます。チャンスが２回に広がるのです。

また、予約採用のほうが、在学採用よりも初回の奨学金振り込み時期が早くなるというメリットもあります。

なお、第１回の予約採用で第一種を認められなかったら、「第一種しか希望しない」場合でも、10月頃の第２回の申し込みで必ず第二種に切り替えて申請し、「奨学金を確保する」ようにしましょう。そして、予約採用で第二種を確保しておき、在学採用で第一種に切り替えることを考えましょう。

やっておくべきこと4

後から変えられること・変えられないことを知っておく

予約採用で申し込んだ内容は、大学入学後の進学届を提出するときに変更できますが、「奨学金の種類」は変更できません。第二種を第一種に変えたいのであれば、在学採用で新たに第一種を申し込んで、採用後に第二種を辞退するという手順を踏む必要があります（奨学金の切り替え。第4章で解説）。進学後に「奨学金の種類」は変更できないのです。

▼奨学金の辞退（キャンセル）や金額の変更は、進学届の提出時にできる

そこで、予約採用で申し込むときのポイントです。給付型、貸与型の第一種、そして第二種と、必要と思われる奨学金は、全て申し込んでおくようにしましょう。具体的には、給付型と、貸与型の第一種・第二種の「併用」です。複数の奨学金を申し込んだからといって、1つだけを申し込んだ人よりも採用されにくくなる、不利になるといったことはありません。

〈図表1-6〉予約採用で申し込んで進学届提出時にキャンセル・変更できる内容一覧

項　目	申込時	進学届提出時
第一種、第二種の貸与月額	選択	変更可
入学時特別増額貸与奨学金の貸与額※1	選択	変更可
全ての奨学金（給付型・第一種・第二種）の辞退		可
第一種、第二種併用貸与の片方の辞退		可
入学時特別増額貸与奨学金のみの辞退※1		可
保証制度	選択	変更可
奨学金振込口座	届出	変更可
利率の算定方式	選択	変更可
返還方式	選択	変更可

※1　ろうきんの「入学時必要資金融資」を受けた場合、入学時特別増額貸与奨学金の額を融資額より少なくする（辞退を含む）ことはできません。

JASSO「貸与奨学金案内」より作成

予約採用で申し込んでおいて、複数の奨学金を受けられるようになった場合、最終的に「必要のない奨学金を辞退＝キャンセル」してもキャンセル料や手数料などはかかりません。予約採用時点では必要と思われる奨学金の全てに申し込み、その後、じっくりと考えて、「この奨学金は必要ない」と判断したのなら辞退すればいいのです。

予約採用の申し込み内容のすべての条件を変更できるわけではありませんが、詳細はJASSOのホームページなどで説明されています。「奨学金の辞退（キャンセル）や借り入れる金額、返還方法などは変更できる」と覚えておきましょう。

やっておくべきこと5

ハードルが下がった給付型奨学金の「学力」基準を確認しておく

奨学金には、「返さなくていい」給付型と、将来「返還」の義務のある貸与型があります。そこで、まずは自分が「給付型を受けられるか」を確認しましょう。給付型の条件は、ＪＡＳＳＯのホームページで確認できます。ここでは大切なポイントのみ説明します。

▼給付型を受けられる条件はこの2つ

給付型を受けられる条件は、２０２０年度から大きく緩和されました。

これまでは、「家計の収入」・「学力」・「人物」の３つが条件で、さらに「高校の推薦」を受けなくてはなりませんでした。つまり、事実上、給付型を受けられる「人数の制限」があったのです。

この制限は２０２０年度から撤廃されました。現在では、給付型の条件は、「家計の収入」

〈図表 1-7〉給付型を受けられる学力基準は……

- 高等学校等における全履修科目の評定平均値が、５段階評価で 3.5 以上であること
- 将来、社会で自立し、及び活躍する目標をもって、進学しようとする大学等における学修意欲を有すること

と「学力」の２つになりました。

しかも、学力については、上に示す条件の「いずれかに該当」とされています。

「５段階評価で３・５以上」となると、なかなか厳しい成績基準と思うでしょうが、それを満たせない場合には、「大学等における学修意欲を有すること」が認められればよいことになりました。

学修意欲の確認は、高校での面談やレポートの提出などで行われるので、大幅に緩和されたと考えていいでしょう。給付型を受けられるのは「成績優秀な人」だけではなくなったのです。

やっておくべきこと6

ハードルが下がった給付型奨学金の「家計」基準を確認しておく

給付型を受けられる学力基準が大幅に緩和されたのと併せて、「家計の収入」基準も緩和されています。これまでは、基本的に「住民税が非課税の世帯」、または「生活保護を受給している世帯」であることが条件でしたが、2020年度からは、その条件に加えて、「住民税非課税世帯や生活保護受給世帯でなくても」世帯の収入によって給付型を受けられるようになりました。

JASSOのホームページに詳細な条件が記載されていますが、ここではポイントだけを説明します。

▼世帯構成・人数と世帯収入によって給付額が変わる

まず、ポイントとなるのは、「(奨学金を申し込む)本人とその母親の2人世帯」や「本

〈図表1-8〉世帯の構成・人数と家計の収入基準の一例

【(○)が給与所得者の世帯(年間の収入上限額の目安)】(単位:万円)

世帯人数	想定する世帯構成	第Ⅰ区分	第Ⅱ区分	第Ⅲ区分
4人	本人、親A(○)、親B(無収入)、中学生	271	303	378

【(○)が給与所得者以外の世帯(年間の所得上限額の目安)】(単位:万円)

世帯人数	想定する世帯構成	第Ⅰ区分	第Ⅱ区分	第Ⅲ区分
4人	本人、親A(○)、親B(無収入)、中学生	172	191	255

数字はあくまで目安。目安の金額を上回っていても対象となる場合や、下回っていても対象とならない場合があります。

JASSO給付型奨学金家計基準より作成

人・妹・両親の4人世帯」といった「世帯構成・人数」です。

その「世帯構成・人数」と「世帯の収入」に応じて、受け取れる給付型の金額が変わってきます。

一例として、「本人と中学生の弟、会社員(給与所得者)の父親と専業主婦の母親」の4人世帯を考えてみましょう。

「世帯の収入が約271万円以下」なら「第Ⅰ区分」となり、申請した給付型の満額、「世帯の収入が約303万円以下」なら「第Ⅱ区分」で「満額の3分の2」、「世帯の収入が約378万円以下」なら「第Ⅲ区分」で「満額の3分の1」を受け取れます。

やっておくべきこと7

給付型で受け取れる金額を確認しておく

給付型で「毎月いくらもらえるのか」を確認しておきましょう。その金額によって、第一種や第二種などをどう組み合わせるか、奨学金を借りるパターンを考えることができます。

給付型で受け取れる金額は、先に説明した通り、「世帯の構成・人数」と「世帯の収入」に応じて変わります。詳細はＪＡＳＳＯのホームページに記載されていますが、ここでは、「本人と中学生の弟、会社員の父親と専業主婦の母親」の４人家族を例に、受け取れる金額を示しておきます。

世帯の収入が年間約２７１万円以下であれば「第Ⅰ区分」に分類され、国公立大学なら自宅からの通学で月額２万９２００円、自宅外からの通学で月額６万６７００円を受け取れます。

私立大学なら自宅通学で月額３万８３００円、自宅外で７万５８００円です。

〈図表 1－9〉給付型では毎月いくら受け取れるのか

国公立大学・私立大学・専門学校別で、区分による支給額一覧表

【国公立の場合】

区分		自宅通学	自宅外通学
大学 短期大学 専修学校(専門課程)	第Ⅰ区分	29,200円 (33,300円)	66,700円
	第Ⅱ区分	19,500円 (22,200円)	44,500円
	第Ⅲ区分	9,800円 (11,100円)	22,300円
高等専門学校	第Ⅰ区分	17,500円 (25,800円)	34,200円
	第Ⅱ区分	11,700円 (17,200円)	22,800円
	第Ⅲ区分	5,900円 (8,600円)	11,400円

【私立の場合】

区分		自宅通学	自宅外通学
大学 短期大学 専修学校(専門課程)	第Ⅰ区分	38,300円 (42,500円)	75,800円
	第Ⅱ区分	25,600円 (28,400円)	50,600円
	第Ⅲ区分	12,800円 (14,200円)	25,300円
高等専門学校	第Ⅰ区分	26,700円 (35,000円)	43,300円
	第Ⅱ区分	17,800円 (23,400円)	28,900円
	第Ⅲ区分	8,900円 (11,700円)	14,500円

親と同居している生活保護世帯の人、児童養護施設等から通学する人は（　）内の金額となります。

JASSO 給付型奨学金支給額より作成

例えば、第Ⅰ区分の国公立大学の学生なら自宅外からの通学で年間約80万円（6万6700円×12カ月）が支給されます。

さらに、給付型の対象となる人は序章の42ページで説明した「高等教育の修学支援新制度」の「授業料・入学金の減免」も受けられるので、給付型とは別に「入学金と授業料の合計（約82万円）」の支援も受けられます。

つまり、入学金と授業料が減免されたうえに、給付型で「生活費の支援」も受けられるイメージです。

なお、「第Ⅱ区分」「第Ⅲ区分」はそれぞれ、第Ⅰ区分の「3分の2」と「3分の1」が支給・支援されます。

やっておくべきこと8

「利子がつかない」第一種奨学金の条件を確認しておく

給付型の申し込みを検討したら、次は貸与型のうち、「利子がつかない」第一種に申し込む条件を調べましょう。

その際、注意すべきは、給付型と貸与型の第一種を併せて利用する場合、第一種で貸与を受けられる金額に制限があるということ。

給付型を受けている期間中に同時に受けることができる第一種の月額は、区分に応じて次ページに示す図表のようになっています。

ただし、給付型を受けている場合でも「第Ⅲ区分」の人であれば、第一種を申し込むことができます。その際の条件は「学力基準」と「家計基準」です。

学力基準では、「高校の全履修科目の平均が3・5以上（5段階評価）」であることが条件。もし成績が3・5未満の場合、第一種を受けられる可能性は低くなります。

〈図表1－10〉区分に応じた第一種の貸与額（給付型と第一種を併用する場合）

学校種別・給付奨学金の区分		国公立		私立	
		自宅	自宅外	自宅	自宅外
大学	第Ⅰ区分	0円	0円	0円	0円
	第Ⅱ区分	0円	0円	0円	0円
	第Ⅲ区分	20,300円（25,000円）	13,800円	21,700円（20,000円、30,300円）	19,200円
短期大学	第Ⅰ区分	0円	0円	0円	0円
	第Ⅱ区分	3,800円（7,100円）	0円	0円	0円
	第Ⅲ区分	24,300円（29,000円）	17,800円	22,900円（28,500円）	17,400円

親と同居している生活保護世帯の人、児童養護施設等から通学する人は（　）内の金額となります。

JASSO給付型奨学金と併せて受ける場合の貸与月額より作成

ただし、すでに大学に進学し、新型コロナウイルス感染症の影響などで家計が急変した学生は、第一種の緊急採用として所定の条件を満たせば、成績に関係なく「学修意欲があると認められれば」、最大月額6万4000円を「無利子で」借りられるようになりました。

現在の高校3年生が、この緊急採用を利用できるかは大学に入学した後に、進学先の大学に確認してください。

やっておくべきこと9

第一種の「家計」基準を確認しておく

また、第一種の家計基準は、家計の年間収入の「上限」が、およそ次のように定められています。

家族構成が3人で、父親や母親などの生計維持者が会社員など給与取得者である場合、年間約657万円以下、4人家族なら年間約747万円以下、5人家族なら年間約922万円以下です。

ここでいう年間収入は、給与所得者の場合には、市区町村の役所で発行してもらう「所得証明書等における収入金額（控除前）」の金額です。目安としては「年間給与の総額」（額面の給与）と考えておけばいいでしょう。

一方、自営業者など給与所得以外の場合には、3人家族で年間約286万円以下、4人家族で年間約349万円以下、5人家族で年間約514万円以下です。自営業者の年間収入と

〈図表1－11〉第一種の収入・所得の上限額の目安

世帯人数	給与所得者	給与所得以外
3人	657万円	286万円
4人	747万円	349万円
5人	922万円	514万円

※給与所得の場合……所得証明書等における収入金額（控除前）
※給与所得以外の場合……所得証明書等における所得金額

JASSO 第一種家計基準より作成

は、「所得証明書等における所得金額」のことです。

このように、第一種を借りる家計基準は、これまで以上に多くの人が借りられるように、4人家族の給与所得者の世帯で年間約747万円以下と「緩やか」に設定されています。

そうなるとポイントとなるのは学力基準です。高校1年から申し込み時までの全履修科目の評定平均値で判断されるため、最後まで油断なく、成績を少しでも上げるための努力をすることが大切です。

やっておくべきこと10

授業料相当額を「無利子」で借りられる！ 第一種の金額を確認しておく

第一種で借りられる金額は、国公立大学や私立大学、自宅通学かそうでないかによって異なります。

具体的には、国公立大学で自宅から通う場合は、「月額２万円、３万円、４万５０００円のいずれかを選択」、自宅外から通う場合は「月額２万円、３万円、４万円、５万１０００円のいずれかを選択」です。

一方、私立大学で自宅から通う場合は、「月額２万円、３万円、４万円、５万４０００円のいずれかを選択」、自宅外から通う場合は「月額２万円、３万円、４万円、５万円、６万４０００円のいずれかを選択」です。

なお、自宅外から通う学生は、自宅通学の月額を選択することもできます。申し込み時の家計収入が一定額以上の場合は、各区分の最高月額を選択できない場合もあるので注意が必

〈図表1－12〉第一種の区分（国公立大学・私立大学）と貸与額

（単位：円）

区分	自宅	自宅外
国公立	20,000、30,000、45,000	20,000、30,000、40,000、51,000
私　立	20,000、30,000、40,000、54,000	20,000、30,000、40,000、50,000、64,000

※自宅外通学の場合は、自宅通学の月額も選択できます。
※申込時の家計収入が一定額以上の場合は、各区分の最高月額以外の月額から選択することになります。

JASSO 第一種貸与月額より作成

要です。

国公立大学に進学し、自宅外から通う学生なら最大で年間約61万円を無利子で借りられます。

これは国公立大学の授業料である年間約54万円を上回る金額です。

また、私立大学に進学し、自宅外から通う学生なら最大で年間76万8000円、4年間で約307万円を「無利子で」借りられることになります。

私立大学の授業料が平均で年間約88万円であることを考えると、第一種を借りられればその大半をまかなうことができます。

Check 4

第一種なら、将来、所得が減ったときに毎月の返還額を減額できる

貸与型奨学金は大学卒業後に9年〜20年をかけて返還していく、いわば「借金」です。長い人生の間には、転職で収入が減少してしまったり、病気や事故などで一時的に収入が途絶えてしまったりすることもあるでしょう。

そんなときに、第一種では、収入に応じて返還額を変更できる「所得連動返還方式」を選択できます。第二種では、毎月、あらかじめ決められた金額を決められた年数、返還し続ける「定額返還方式」しか選べないので、万が一、収入が減少したときには返還が厳しくなってしまうこともありえます。所得に応じた返還方式が選べることも第一種の大きなメリットなのです。

やっておくべきこと11

利子がつく第二種奨学金の条件を確認しておく

貸与型の第一種には「利子がつかない」というメリットがありますが、それだけに希望する人も多く、家計基準や学力基準も第二種より厳しく、申し込んだ全員が希望通りに借りられるとは限りません。

予約採用で第一種を借りられなかったときのことも想定して、高校2年の終わりから高校3年のこの時期に、第二種を借りるための条件を確認しておくと安心です。

▼学修意欲があれば誰でも学力基準をクリアできるのが第二種

第二種を借りるにも「学力基準」と「家計基準」があります。

学力基準については、わかりやすく記すと、「高校時代の全履修科目の成績が学年平均水準以上であること」「特定分野で特に優れた資質能力があると認められること」「大学での学

〈図表1-13〉第二種の学力基準

- 高校または専修学校（高等課程）での学業成績が平均水準以上と認められる人
- 特定の分野において特に優れた資質能力を有すると認められる人
- 大学での学修に意欲があり、学業を確実に修了できる見込みがあると認められる人
- 高校卒業程度認定試験に合格した人、または科目合格者でJASSOが定める基準に該当する人

修意欲があること」などと示されています。

ポイントは、これらの条件の「いずれか」を満たせばよいということ。

つまり、大学での「学修意欲」があり、「学業を確実に修了できる見込みがある」と認められれば第二種の学力基準はクリアできます。

ようするに「やる気」があれば第二種は借りられる可能性が高いと考えて問題ありません。

やっておくべきこと12

第二種の「家計」基準、借りられる金額を確認しておく

第二種の家計基準は、おおよそ、次ページの図表のように決められています。家族構成と給与所得者か自営業者などの給与所得者以外かによって、基準が変わるのは第一種と同じです。

ただし、その基準が5人家族で給与所得者の場合で「年間約1300万円以下」というほどに緩やかです。

一般的に年収1000万円を超える世帯は全体の約5％といわれています。4人世帯で年間所得約1100万円以下、3人世帯の例で年間所得約1009万円以下なら条件をクリアというのであれば、たいていは申し込めば借りられると考えておいていいでしょう。

第二種で借りられる金額は、月額2万円から12万円までの間で、1万円単位で選択できます。借りられる金額に差があると聞くと、家庭の所得水準によって、例えば「年収○○

〈図表1-14〉第二種の家計基準と貸与額

●収入・所得の上限額の目安

世帯人数	給与所得者	給与所得以外
3人	1,009万円	601万円
4人	1,100万円	692万円
5人	1,300万円	892万円

※給与所得の場合……所得証明書等における収入金額(控除前)
※給与所得以外の場合……所得証明書等における所得金額

●貸与額

■大学

月額 20,000 円〜 120,000 円(10,000 円刻み)

※私立大学の医・歯学の課程は、120,000 円に 40,000 円の増額可能
※私立大学の薬・獣医学の課程は、120,000 円に 20,000 円の増額可能

■短大

月額 20,000 円〜 120,000 円(10,000 円刻み)

JASSO 第二種の家計基準、貸与月額より作成

万円以上の家庭の人は、月額5万円まで」というように、上限額が決まってしまうのでは、と思うかもしれませんが、そんなことはありません。希望する貸与月額の多寡《たか》によって採用されにくい・されやすいということもありません。

なお、私立大学の医学・歯学や薬学・獣医学部に進学した場合は、月額12万円の貸与額をさらに増額できます。私立大学医学・歯学課程なら4万円増額で月額16万円、薬学・獣医学課程なら2万円増額で月額14万円の貸与を受けられます。

やっておくべきこと13

第一種だけでは足りない場合、第二種との併用を検討する

貸与型奨学金のうち、利子がつかない第一種は、4年間で借りられる金額に上限があります。私立大学・自宅外通学の場合で月額6万4000円、4年間で307万2000円です。そのため、「この金額では足りない」という人もいるでしょう。

そんなとき、最初から「もっと多くの金額」を借りられる「第二種に切り替えて」申し込んでしまう人がいます。

第一種で借りれば利子がつかないなど有利なことはわかっていても、「手続きが面倒にならないように、全部をまとめて第二種で借りる」というパターンです。これは要注意です。全て第二種でまかなうと全額に利子がついてしまい、返すときにそれだけ大きな負担になります。第一種と組み合わせて借りる「併用」を検討するのが賢い借り方です。

奨学金を利用するなら、まずは「返さなくていい」給付型を検討して、次に貸与型でも

〈図表1－15〉第一種・第二種併用の場合の家計基準

●収入・所得の上限額の目安

世帯人数	給与所得者	給与所得以外
3人	599万円	245万円
4人	686万円	306万円
5人	884万円	476万円

※給与所得の場合……所得証明書等における収入金額（控除前）
※給与所得以外の場合……所得証明書等における所得金額

JASSO 第一種・第二種併用の家計基準より作成

「利子がつかない」第一種を借りられるかどうかを検討するというように、「有利な条件の奨学金から検討する」ことが、将来返すときの負担を減らすうえで重要です。

なお、第一種と第二種を併用の場合の学力基準は、第一種の基準が適用されます。

家計基準は、例えば、４人家族で給与所得者の場合は年間６８６万円以下、４人家族で自営業者など給与所得以外の場合は３０６万円以下というように、第一種を単独で申し込む場合よりも少し厳しくなっています。

Check 5

併用に落ちたときの選択肢もちゃんと用意されている

4月〜6月の「第1回の予約採用」で、貸与型を利用する際に第一種だけでは必要な金額をまかなえない場合は、併用を検討するのが合理的です。それでは、「第一種と第二種を組み合わせて借りる＝併用」を申し込んでも認められなかった場合、どうなるのでしょうか。

併用で申し込んで認められなかったからといって、奨学金を借りられなくなるわけではありません。併用を申し込むときに、あらかじめ認められなかった場合も想定しての「選択肢」が用意されています。その選択肢を上に示しておきます。

〈図表1－16〉奨学金の併用を考えるときの選択肢

●第1希望：併用貸与

●第1希望：併用貸与
　第2希望：第一種

●第1希望：併用貸与
　第2希望：第一種
　第3希望：第二種

●第1希望：併用貸与
　第2希望：第二種

やっておくべきこと14

保証人がいなくても借りられる「機関保証」も検討しておく

通常、何らかのお金を借りるときには「連帯保証人」や「保証人」が必要です。ところが、奨学金は連帯保証人や保証人になってくれる人がいない場合でも借りることができます。

ＪＡＳＳＯでは貸与型奨学金の利用時に「人的保証制度」と「機関保証制度」を用意していて、奨学金を申し込むときにどちらかを選べるようになっています。

人的保証制度とは、両親や保護者、親戚などに連帯保証人や保証人になってもらう制度です。誰にするかは「進学届」の提出時に選任します。

奨学金を借りた本人が返還できなくなったときには、連帯保証人や保証人になってくれた人に返還の義務が発生します。

機関保証制度とは、公的機関（公益財団法人日本国際教育支援協会）に、いわば「連帯保証人になってもらう」制度で、毎月の奨学金から一定の金額を保証料として支払います。

〈図表1－17〉機関保証制度と人的保証制度

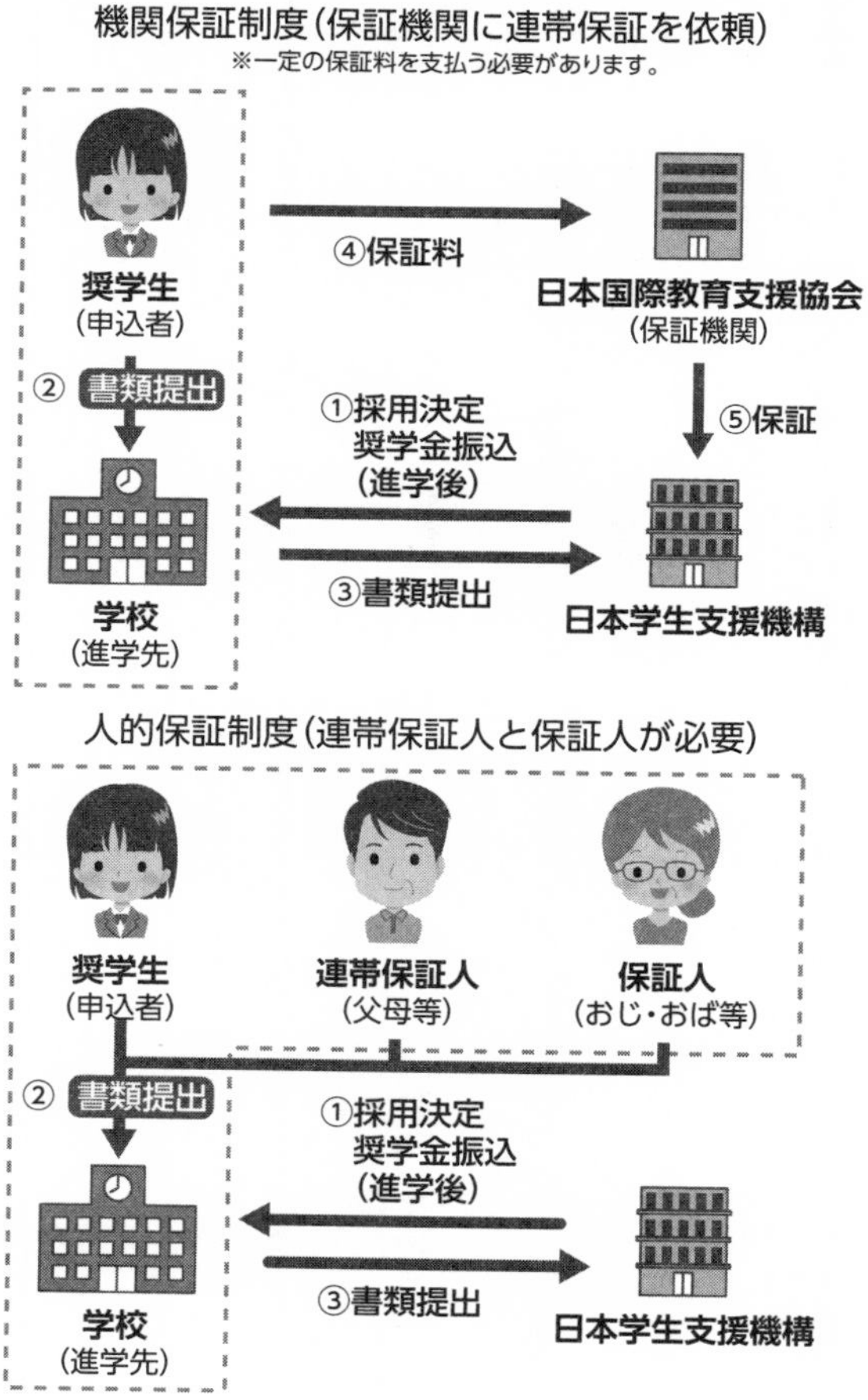

機関保証制度は、保証機関に連帯保証を依頼する仕組み

JASSO資料より作成

保証料の目安は、例えば「第二種で月額8万円を4年間借りる」場合、月額4600〜4700円程度。8万円から4600〜4700円の保証料を差し引いた額が毎月振り込まれることになります。保証料は借りる奨学金の金額によって変わってきます。

この機関保証制度を利用すれば、連帯保証人や保証人になってくれる人がいない場合でも奨学金を借りられます。

ただし、「進学届」提出後は機関保証制度から人的保証制度への変更はできないことは覚えておきましょう。

また、第一種で返還方式として「所得連動返還方式」を考えている人の場合、機関保証制度でなければならないので留意しておきましょう。

やっておくべきこと15

「入学金」など、奨学金では払えないお金の準備をしておく

どの奨学金をいくら利用するのかを最終決定していくとき、忘れてならないのは、大学の入学金や前期授業料は奨学金では「支払えない」ということ。たいていの大学は「合格発表から2週間以内に入学金を支払う」といった期限を設定しています。ところが、奨学金で入学金を払おうと思っても、奨学金を受け取れるのは4月以降で、通常は4月下旬か、遅いときには6月の半ば。入学金の支払期限にはとうてい間に合わないのです。

また、推薦入試などで高校3年の秋に合格が出た場合は、入学金の支払期限が年内に設定されているのが一般的です。

入学金も授業料も「大学進学にかかるお金はほぼ全て奨学金でまかなおう」と考えている人は要注意。入学金や前期授業料は、「奨学金とは別に準備をしておく」ことが大切です。

〈図表1－18〉受験から入学までにかかるお金のサポート制度

国の教育ローン（日本政策金融公庫）	・学生1人あたり350万円まで ・入学金にあてることができる ・収入制限あり ・利子がつく ・審査10日、振り込み10日の最短20日
入学特別増額貸与奨学金（JASSO）	・第一種もしくは第二種を借りる人が対象の「第三の奨学金」（入学時特別増額貸与奨学金だけを単独で借りることはできない） ・10万～50万円まで5種類から選べる ・入学後の4月下旬～6月半ば、初回奨学金と一緒に振り込まれる ・利子がつく
入学時必要資金融資（ろうきん）	・JASSOの奨学金振込口座をろうきんに指定できる人 ・親や保護者の住所、勤務先がろうきんの取り扱い地域内であること ・入学特別増額貸与奨学金の受給者であること ・入学特別増額貸与奨学金での貸与額が借りられる上限 ・利子がつく ・入学特別増額貸与奨学金の振り込み後に一括返済
生活福祉資金貸付（市区町村の社会福祉協議会が窓口）	・低所得世帯であること ・進学資金として借りられるのは50万円程度まで ・必要な時期に振り込まれる ・連帯保証人を立てない場合は利子がつく

母子父子寡婦福祉資金貸付金（市区町村の福祉担当窓口）	・ひとり親世帯 ・借りられる金額は大学（国公立）で38万円、私立で59万円など ・必要な時期に振り込まれる ・利子がつかない

※生活福祉資金貸付や母子父子寡婦福祉資金貸付金では、いずれも必要書類を用意して申請し、審査を経て実際にお金が振り込まれるまで最短でも１カ月はかかります。また、書類を揃えて申請する前に、生活福祉資金貸付であれば社会福祉協議会、母子父子寡婦福祉資金貸付金であれば原則、都道府県の窓口への相談、担当者との面談などが必要となることもあるようです。実際に必要なお金が振り込まれるまでには、「２～３カ月程度はかかる」と考えておいたほうがよいでしょう。こちらも早めの準備が必要です。

具体的には、受験料から入学金、教科書代や住居代などを含めると、じつは２００万円以上ものお金がかかることがあります。全国大学生活協同組合連合会（全国大学生協連）の調査では、入学金などの費用と、出願費用や受験のための移動費用、宿泊費用、教科書・教材の購入費などを合わせると、自宅から通う学生では約１３８万円（国公立）～約１７０万円（私立）、自宅外生では約２０４万円（国公立）～約２３３万円（私立）ものお金がかかっていました。

このお金を奨学金で支払うことはできません。そこで、「学資保険」などの保険や、ＮＩＳＡなどの運用商品、貯蓄などでは足りない分について多くの人が利用しているものに日本政策金融公庫の「国の教育ローン」、ＪＡＳＳＯの「入学時特別増額貸与奨学金」などがあります。

第2章

大学4年間を安心して学ぶために
高3夏～秋に「確認しておきたいこと」

「高校3年夏から秋」にかけての時期は、受験勉強の真っ只中。この時期は、じつは奨学金の申し込みにおいても、とても重要な時期です。まず、JASSOの奨学金では、高校3年の10月頃に「高校在学中に申し込めるラストチャンス」となる第2回の予約採用の申し込みが締め切られます。

さらに、JASSO以外の奨学金、例えば、大学独自の奨学金や企業、自治体、さまざまな財団などが提供している奨学金の中には、給付型や、貸与型であっても無利子のものなど有利な条件の奨学金が多くありますが、高校3年の夏から秋にかけての時期に予約採用の申し込みを締め切ってしまうものがあります。「夏休み中の8月31日が申し込みの締め切り」といったものもあるのです。

また、大学独自の奨学金や企業・自治体・財団などの奨学金について、大学進学後の「在学採用で申し込めばいい」と考えている人もいるでしょう。しかし、多くの場合、在学採用で奨学金を受けられるようになっても、実際に支給されるのは「翌年の4月」から。大学1年で申し込んでも大学2年の4月からでないと受け取れないことも多いのです。

大学1年から奨学金を受け取り、お金の不安を少しでもなくして大学生活を4年間、続けるためにも、「高3の夏」と「高3の秋」にやっておくことを、しっかりと確認しましょう。

この時期には、大学独自、企業・自治体・財団などの奨学金を確認

確認しておきたいこと1

まずはJASSOの第2回予約採用の申し込み締め切り期限を確認する

高校3年の秋のこの時期には、JASSOの奨学金の「第2回予約採用の申し込み」が締め切りを迎えます。

第1回の予約採用で給付型や第一種を申し込んだ人の採用結果は高校3年の10月頃に通知されるので、高校3年生はこの時期には、給付型や貸与型の第一種を借りられるかどうかがわかります。

そして、もし希望通りに奨学金を借りられない結果となった場合には、第2回予約採用で再度、奨学金を申し込むようにしましょう。

ただし、第2回予約採用で申し込めるのは返還時に「利子がつく」貸与型の第二種のみです。

給付型や第一種と比べると有利な条件の奨学金とはいえませんが、第2回予約採用の申し込みのチャンスを逃すと、その後は大学入学後の在学採用でしか申し込めなくなってしまいます。

つまり、奨学金を受けられるかどうかわからず「お金の不安を抱えたまま」で大学生活がスタートしてしまうということ。

そうならないためにも、第1回予約採用で希望がかなわなかった人だけでなく、第1回予約採用では奨学金の申し込みをしなかったものの、学費の準備に不安が残る人も、第2回予約採用で第二種を申し込むことを忘れないようにしてください。

なお、第2回予約採用の実施スケジュールについては、自分が通っている学校に確認するようにしましょう。

〈図表 2-1〉給付型・貸与型に申し込んだときの予約採用と在学採用の流れ

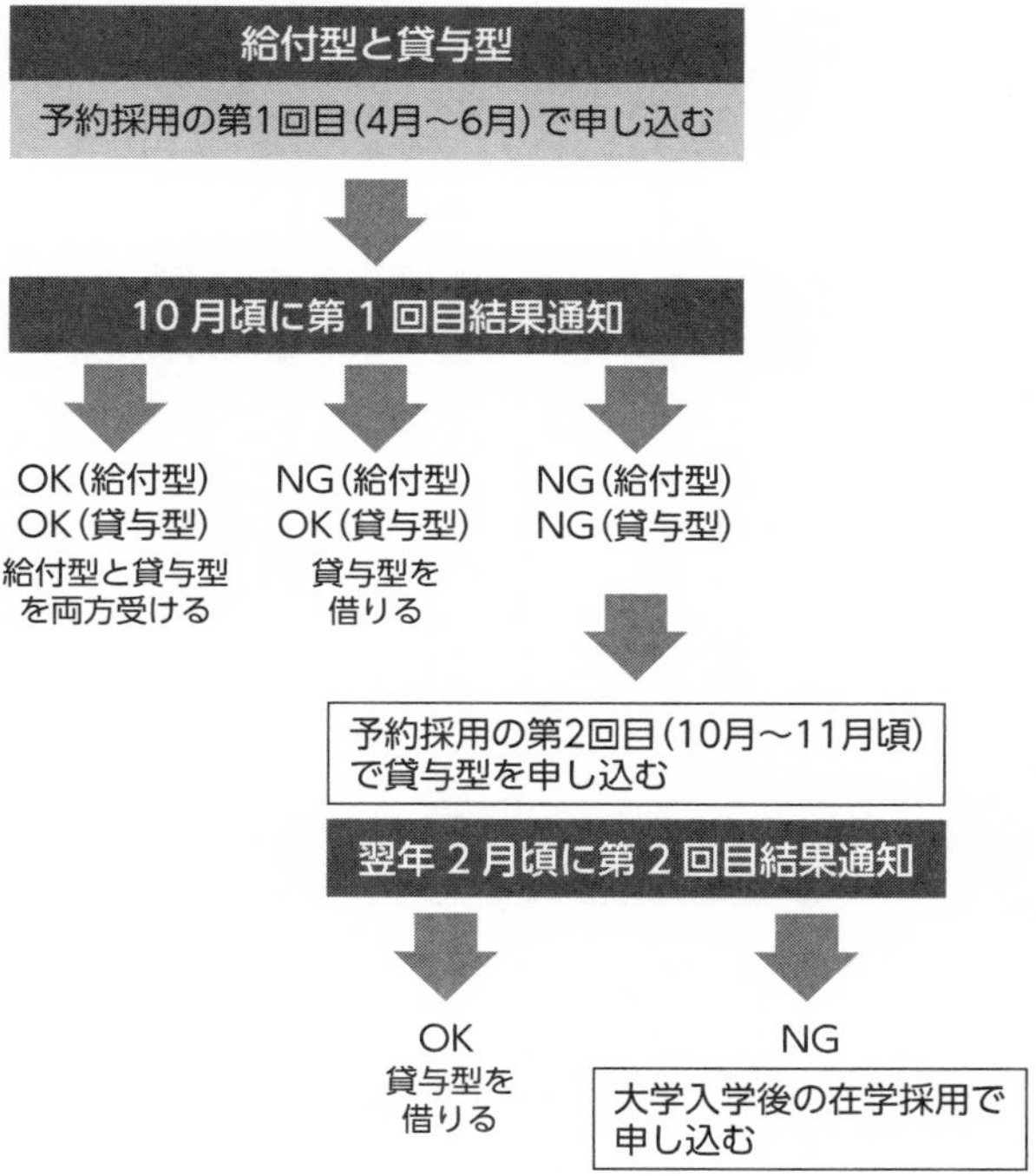

確認しておきたいこと2

志望校の「大学独自の奨学金」を確認しておく

高校3年の夏から秋にかけての時期は、志望校も少しずつ絞り込まれてくるタイミングでもあるでしょう。そのタイミングで、志望校の選定と同時にやっておきたいのが、「大学独自の奨学金」の確認です。1500校を超える大学・短期大学・専修学校などで実施しています。

それぞれの大学のホームページで確認できるほか、夏から年末にかけて取り寄せる各大学の願書にも大学独自の奨学金の情報が記載されていることがあります。夏休みに実施される大学のオープンキャンパスでも奨学金に関する情報を入手できる場合があります。確認してみましょう。

大学独自の奨学金を確認するときに注意したいのが、まず、「予約採用を受け付けているかどうか」です。定員が決まっていて、予約採用を受け付けている奨学金の場合、「高校3

〈図表 2-2〉大学独自の奨学金を検討するときのポイント

- ●予約採用を受け付けているかどうかを確認
- ●申し込み締め切りはいつかを確認
  ※夏休み中に締め切ってしまうこともあり！
- ●応募資格を確認
  ※首都圏以外の出身者限定など条件があることも

年の夏から秋にかけての予約採用ですぐに定員一杯となってしまう」こともあります。

また、予約採用を受け付けている奨学金の中には、申し込みの締め切りが、高校3年の8月31日であったり9月半ばだったりと早いものもあります。「夏休みが終わってから検討しよう」と考えていると、すでに申し込みが終わっていたともなりかねません。大学独自の奨学金を検討する場合は、予約採用を受け付けているかどうか、申し込み締め切りはいつかを必ず確認するようにしてください。

Check 6

大学独自の奨学金の予約採用には、受験するか「決まっていなくても」申し込んでおく

自分の志望校が独自の奨学金を予約採用で受け付けている場合には、迷わず申し込むことを考えてみてはいかがでしょうか。

高校3年の夏から秋にかけての時期は、志望校であっても実際に受験するかどうかは決まっていない状況だと思います。

そのため、多くの場合、奨学金の予約採用があると知っていても「受験するかどうか、まだ決めていない」、あるいは「受験しても受かるかどうかわからない」、「受かっても第一志望ではないので入学するかどうかわからない」といった理由から、予約採用に申し込むのを躊躇《ちゅうちょ》してしまう人もいます。

▼予約採用に申し込むことで、給付型など有利な条件の奨学金のチャンスが広がる

予約採用で申し込んだ場合、奨学金は辞退ができます。予約採用で申し込んで採用されたとしても、その大学を受験しなかった場合には当然、その権利は無効になります。また、受験して合格したとしても、その奨学金が必要でない場合には辞退ができます。

少しでも奨学金を得られるチャンスを広げるためにも、進学希望の候補の大学で予約採用がある場合には、最終的に受験するかどうかが決まっていなくても、まずは「申し込む」のが得策です。

確認しておきたいこと3

「出願前に申請を締め切る」大学独自の奨学金がある

現在、独自の奨学金を実施する大学が増えています。その多くが給付型で、しかも、予約採用で申し込みを受け付けています。

これらの奨学金の多くは、出願前に申請し、受験前には奨学金の採用候補者となったかどうかが通知されます。「(合格して) 入学すれば給付型を受けられる」ことが決まった状態で試験を受けることができる制度です。

給付額は年間50万円前後の大学が多く、おおむね年間授業料の半額程度を4年間にわたって受け取れます。つまり、予約採用で給付型を受け取れるとなれば、「4年間の授業料の半分をまかなえる」ことになるケースが多いのです。ただし、申請期間が「11月初旬~中旬の2週間程度しかない」など短いことも多く、しかも大学によって申請時期もまちまちなので、注意してください。

いずれの大学の給付型も家計の年収、高校での学力評定を基準としているほか、JASSOの給付型を受けることができる場合には、給付額が減額されるといった条件もあります。各大学のホームページや募集要項などで必ず最新の情報を確認するようにしてください。

《給付型を予約採用で申し込める、おもな大学》

次におもな大学の奨学金制度について紹介します。いずれも、JASSOのホームページで検索できます。

【大学・地方公共団体等が行う奨学金制度】
https://www.jasso.go.jp/about/statistics/shogaku_dantaiseido/index.html

ここで紹介している大学については、いずれも2021年度受験者向け情報をもとに記載しています。給付額や申請期間など、最新情報は、各奨学金のホームページなどで確認してください。

また、掲載されている大学はあくまでも一部です。自分が志望する大学の奨学金制度については、大学のホームページなどで確認してください。

〈北海道・東北〉

◆東北学院大学「東北学院大学予約継続型給付奨学金〈3L奨学金〉」

〈関東圏〉

◆青山学院大学「地の塩、世の光奨学金」
◆学習院大学「目白の杜奨学金」
◆神奈川大学「米田吉盛教育奨学金」
◆慶應義塾大学「学問のすゝめ奨学金」
◆国際基督教大学（ICU）「ICU Peace Bell奨学金」
◆上智大学「上智大学新入生奨学金」「上智大学ソフィア会生活支援奨学金」
◆創価大学「創価大学創友給付奨学金」
◆大東文化大学「桐門の翼奨学金」

◆中央大学「中央大学予約奨学金」
◆帝京大学「帝京大学入学前給付決定型奨学金制度（地方創生給付奨学金）」
◆東京女子大学「東京女子大学予約型給付奨学金」
◆法政大学「チャレンジ法政奨学金」
◆明治大学「お、明治奨学金」
◆明治学院大学「白金の丘奨学金」
◆立教大学「自由の学府奨学金」
◆早稲田大学「めざせ！都の西北奨学金」「紺碧の空奨学金」

〈中部圏〉
◆愛知大学「知を愛する奨学金」

〈関西圏〉
◆大阪国際大学「予約給付型奨学金」
◆関西大学「『学の実化（がくのじつげ）』入学前予約採用型給付奨学金」

◆関西学院大学「ランバス支給奨学金」
◆京都女子大学「入学前予約採用型奨学金」
◆立命館大学「近畿圏以外からの入学者を支援する奨学金」

〈その他の地方〉
◆四国学院大学「予約型支給奨学金」
◆熊本学園大学「入試前予約型奨学金制度」

〈国公立大学〉
◆お茶の水女子大学「〝みがかずば〟奨学金」
◆電気通信大学「UEC修学支援奨学金」
◆佐賀大学「かささぎ奨学金」
◆東京大学「東京大学さつき会奨学金」
◆新潟大学「輝け未来!! 新潟大学入学応援奨学金制度」

Check 7

出願時に申し込み、「入試の成績」で給付型や授業料免除になる大学も

大学の中には、出願時に申し込み、入学試験を受験することで、その成績によって、給付型を受けられたり、授業料が減免される制度を設けていたりするところもあります。いずれも、ＪＡＳＳＯのホームページで検索できます。

【大学・地方公共団体等が行う奨学金制度】
https://www.jasso.go.jp/about/statistics/shogaku_dantaiseido/index.html

給付額や授業料減免額は大学によって異なります。例えば、入試成績が特別に優秀だった人に対して、年間授業料の全額を入学年度の1年間、免除し、その後の3年間は年間授業料の半分程度を免除するといった制度の大学もあります。

ただし、JASSOの給付型を受けることができる場合には、給付額が減額されるといった条件もあるので、各大学のホームページや募集要項などで必ず最新の情報を確認するようにしてください。

《入学試験の成績で給付型や授業料減免を受けられる、おもな大学の例》

◆北海道情報大学「北海道情報大学松尾特別奨学金制度（新入生対象）」
◆石巻専修大学「進学サポート奨学生制度」
◆金沢学院大学「KGスカラシップ制度」
◆金沢工業大学「特別奨学生制度」
◆近畿大学「成績優秀者対象特待生制度」
◆四国大学「四国大学教育特別奨学生」
◆九州産業大学「卓越支援制度」

確認しておきたいこと4

ＪＡＳＳＯ以外の企業・自治体・財団などの奨学金も確認しておく

ＪＡＳＳＯの給付型を申し込んだのに受けられなかった、あるいは、給付型を受けても大学生活にかかる授業料や生活費には足りないという場合、多くの人は「利子がつかない」第一種、もしくは、「利子がつく」第二種を借りることになります。そんなときには、ＪＡＳＳＯや大学独自の奨学金以外で、企業や自治体、財団などの給付型に申し込むことも検討してみましょう。

ＪＡＳＳＯ以外の奨学金についても、ＪＡＳＳＯのホームページで検索できます。

【大学・地方公共団体等が行う奨学金制度】
https://www.jasso.go.jp/about/statistics/shogaku_dantaiseido/index.html

企業や自治体、財団などの給付型を申し込むときに注意したいのが、先に説明した大学独自の予約採用の給付型と同様に、「申し込みの時期」です。高校3年の9月～10月頃に申し込むなど締め切りのタイミングが早いものもあります。まずは、申し込んでおくことが大切です。

もし、ＪＡＳＳＯの給付型や貸与型を受けられるようになり、さらにＪＡＳＳＯ以外の給付型も受けられるとなったら、返還義務のある貸与型を減額する、もしくは、毎月の奨学金から一定額を貯金に回して、将来的に貸与型の繰上返還にあてるなどすれば、返還負担を軽くすることができます。

また、不運にも大学に合格できなかった場合には、たとえ奨学金を受けられるとなっていても、受け取れません。その場合でもキャンセル料金などはかからないのが一般的なので、申し込みだけはすませておくほうが安心です。

なお、ＪＡＳＳＯ以外の給付型は、○○財団や○○基金など、公益法人と呼ばれる機関が提供しているものが多く、学業成績などによる選考のほか、面接などをして本人の「人となり」を確認してから給付するかどうかを決定するケースもあります。１０００を超える団体などで実施しています。次ページから、企業や自治体、財団などＪＡＳＳＯ以外の奨学金の一例を紹介します。いずれも、各奨学金のホームページなどで、申し込み条件や選考基準など最新の情報を確認するようにしてください。

《高3の夏〜秋に「予約採用」で申し込む企業・自治体・財団などの給付型奨学金の例》

◆公益財団法人コカ・コーラ教育・環境財団
◆公益財団法人石橋奨学会

《大学進学後に「在学採用」で申し込む企業・自治体・財団などの給付型奨学金の例》

◆一般財団法人野崎わかば会
◆公益財団法人四宮《しのみや》育英奨学会
◆公益財団法人ダイオーズ記念財団

◆公益財団法人山田育英会
◆公益財団法人国土育英会
◆一般財団法人大黒天財団

《高3時でも大学在学中でも応募できる企業・自治体・財団などの給付型奨学金の例》

◆社会福祉法人さぽうと21
◆公益財団法人小野奨学会
◆公益財団法人森下仁丹奨学会

《その他、確認しておきたい奨学金の例》

◆公益財団法人樫の芽会
◆公益財団法人松尾育英会

Check 8

地方自治体の奨学金や返還支援制度も確認する

地方自治体の中には、その地域に住民登録をして大学に通う人を対象に、自治体独自の奨学金を給付、あるいは貸与しているところもあります。現在、900を超える地方公共団体（都道府県や市町村）で実施しています。

また、奨学金を利用して大学に進学した人が、その地方自治体に定住し働きやすい環境を整えるために、「奨学金の返還を支援する」制度を設けている地方自治体もあります。

その地域の出身者が地元に戻ってきやすいように「その地方自治体の出身者」に限定している場合もありますが、他の地域の出身者でも、大学卒業後にその地方自治体に住民登録をして就業することで返還の支援を受けられる制度もあります。

地方自治体の奨学金についても、ＪＡＳＳＯのホームページで検索できます。

【大学・地方公共団体等が行う奨学金制度】

https://www.jasso.go.jp/about/statistics/shogaku_dantaiseido/index.html

《おもな自治体の奨学金・返還支援制度の一例》

〈北海道・東北〉

◆北海道：さっぽろ圏奨学金返還支援事業

◆岩手県：いわて産業人材奨学金返還支援制度

◆福島県：福島県の将来を担う産業人材確保のための奨学金返還支援事業

Check 9

医学部を目指すなら必ずチェック！「返還免除」制度のある自治体の奨学金

医学部への進学には「お金がかかる」もの、だから「うちの家計状況ではとても学費を払えそうもない」とあきらめてしまう人もいるかもしれません。医学部に進学するには確かにお金がかかりますが、防衛医科大学校や自治医科大学、産業医科大学といった学費負担を大幅減額できる大学を目指すほかにも、学費や在学中の生活費などで地方自治体からの「手厚い支援」を受けられるケースもあります。

現在、多くの地方自治体では地域の医師不足を解消するため、地元の大学の医学部の学生を対象に、卒業後の一定期間、地域の医療機関に医師として勤務すれば在学中に貸与した奨学金の「返還を免除する」制度を実施しています。

貸与額は各自治体によってさまざまですが、中には入学金、年間授業料のほかに、月額12万円程度を生活費として貸与してもらえる制度もあります。ＪＡＳＳＯの奨学金と組み合わせれば、「自己資金0円で私立大学医学部を卒業する」こともできるのです。「お金のことで、医師になる夢をあきらめる」ことがないように、医学部向けの奨学金を上手に活用する方法を検討してみましょう。

《自治体による医学部向け奨学金の例》

〈北海道・東北圏〉

◆北海道医師養成確保修学資金
◆青森県弘前大学医師修学資金
◆秋田県医学生修学資金
◆福島県へき地医療等医師確保修学資金

〈関東圏〉

◆茨城県医師修学資金
◆群馬県緊急医師確保修学資金

◆栃木県医師修学資金（産科医・小児科医）
◆埼玉県医師育成奨学金
◆千葉県医師修学資金

〈中部圏〉

◆静岡県医学修学研修資金
◆新潟県医師養成修学資金
◆長野県地域特別枠推薦選抜（医学部医学科）長野県枠

《その他の医学部向け奨学金の例》

◆東京民医連 医学部奨学金
◆矯正医官修学資金
◆徳洲会奨学金
その他、医療法人による奨学金など

☑Check 10

志望校が給付型奨学金の対象校になっているか必ず調べよう

そろそろ進学先を絞り込むこの時期、給付型奨学金の採用の可能性が高い人は特に、志望校が対象校になっているかどうかの確認が重要です。

なぜなら、給付型奨学金は、対象校に進学した際に対象となる仕組みだからです。対象校の割合は、大学・短大は98％、高専は100％、専門学校は73％ほど。つまり、大学・短大、高専への進学であればほぼ対象校になっていますが、専門学校へ進学した場合は、対象校にならない学校の割合が4分の1もあるのです。

給付型奨学金の採用候補者になれば、対象校に進学すると、給付型奨学金を受けられるばかりでなく、入学金・授業料の減免も受けられます。

「本当は大学で学びたいけど、学費がかかるから、専門学校に進学して手に職をつけよう」と考えて専門学校に進学したものの、対象校でなかったために、受給できる権利をムダにしてしまったという事態は避けたいところ。対象校になっているかどうか確認したうえで最終的な志望校の絞り込みをすることが重要です。

【JASSO「給付型奨学金　支援の対象となる大学・短大・高専・専門学校一覧」】
https://www.mext.go.jp/kyufu/support_tg.htm

コラム2

地方出身者に手厚い大学独自の奨学金を活用して「都市圏の私大」という選択も

一般的に大学生活にかかるお金は、国公立大学より私立大学のほうが高くなります。JASSOによると、学費だけでも国公立大学で約82万円、私立大学（文系）で約117万円、私立大学（理系）で約155万円かかります。

ただし、ここで考えておきたいのは、入学金や授業料などの合計額だけを比べて「私立は高いからうちは無理！　何がなんでも国公立に」というのは、じつは考えものだということです。

▼ＪＡＳＳＯ以外の奨学金を活用して大学にかかるお金をトータルで節約

というのも、例えば「自宅から通える私立大学」であれば、授業料や設備費が国公立大学と比べて高くても、一人暮らしのための家賃や生活費がかからず、大学生活にかかるお金がトータルでは少なくてすむこともあるからです。

さらに、本章で紹介した大学独自の奨学金の中には、関東なら「１都３県以外の出身者」や、関西なら「近畿圏以外の出身者」を対象とした給付型なども多くあります。大学独自や企業、財団などＪＡＳＳＯ以外の奨学金をうまく活用して給付型で入学金や授業料をまかなうことで、結果的に大学にかかるお金を抑えられることもあるのです。

つまり、単純に「私立は高く、国立は安い」とは言い切れないということ。自宅から通える「家賃いらず」の私立大学を狙う、もしくは「地方（大学が所在する地域の圏外）出身者に手厚い」大学独自の奨学金などをあわせて活用するというプランも、大学進学にかかるお金をトータルで節約するという視点からは賢い選択といえるかもしれません。

第3章

返すときの負担をできるだけ減らしておく！

高3冬は「何を、いくら借りるか」最終決定のタイミング

ＪＡＳＳＯの予約採用で奨学金に申し込んだ内容は基本的に、大学に入学した後の4月に「進学届」を提出する際、変更できます。大学受験がひと通り終わったこの時期は、「どの奨学金をいくら借りるのか」をいま一度、真剣に考えて、「奨学金を最終決定」するタイミングです。

その際に大切なことは、将来、奨学金を返還するときのことまで考えて最終的に決定すること。奨学金を最終決定する際のポイントは、大きく次の3つです。

・実際のところ「大学生活にいくらお金がかかるのか」を確認する。
・平均的な大学生は「奨学金＋アルバイト」でどれくらいの収入を得ているかを確認する。
・大学卒業後の返還を考えて、「現実的に無理のない返し方をイメージ」する。

これらのポイントについて、これから詳しく説明していきます。

受験がひと通り終わったこの時期にやっておくこと

最終決定するためのポイント1

実際のところ
大学生活にいくらかかるかを知っておく

実際に大学生活が始まってからかかるお金を考えてみましょう。これは入学金、授業料、施設設備費など「学校納付金」＝いわゆる「学費」に関するものと、日常生活を送るための生活費に分けられます。

ＪＡＳＳＯによると大学1年目にかかるお金は、入学金や授業料などの「学費」だけでも国立大学で約82万円、私立大学（文系）で約１１７万円、私立大学（理系）になるとさらに上がって約１５５万円になります。

〈図表3-1〉大学1年目にかかる学費

●1年目にかかる学費

国立大学(標準額)、私立大学(文科系・理科系)、短大、専修学校の学費の一覧

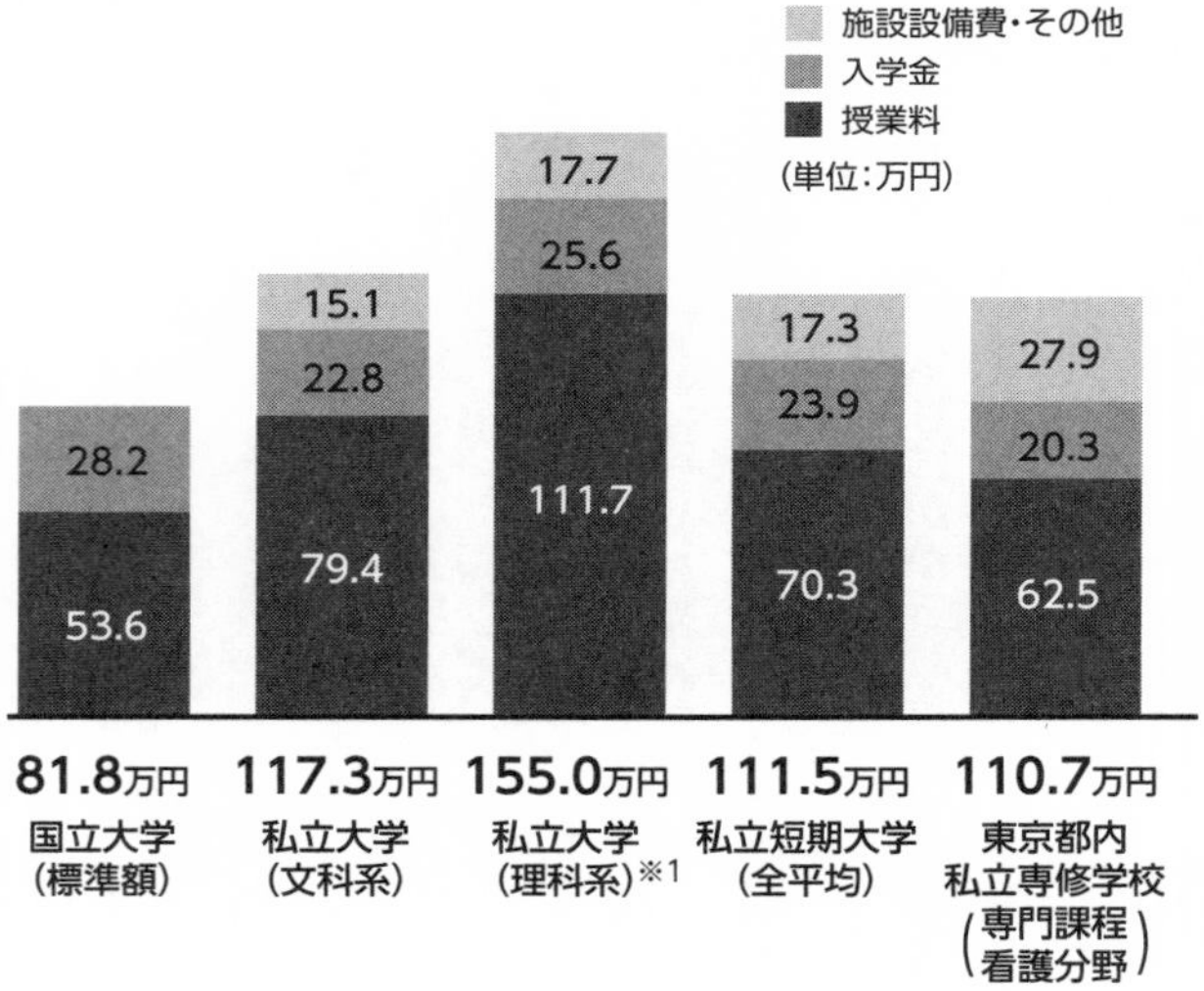

国立大学については国が示す令和2年度標準額、私立大学・短期大学については令和元年度昼間部の平均額です(文部科学省資料より)。
東京都内私立専修学校(専門課程　看護分野)については令和元年度の平均額です(公益社団法人東京都専修学校各種学校協会調べ)。

※1　医歯系は含みません。医歯系の初年度納入金額の平均は480.3万円です。

文部科学省資料／公益社団法人東京都専修学校各種学校協会資料により作成

〈図表3－2〉大学生の1年間の平均支出

●学生生活費1年間の内訳

1年間の支出平均（大学学部昼間部）　**1,913,500円**

自宅から通う学生の平均支出……1,714,000円
アパートや下宿などから通う学生の平均支出……2,221,000円

支出内訳	学費（授業料、課外活動費、通学費など）	生活費（食費・住居・光熱費・娯楽・し好費など）
	1,208,800円	704,700円
	63.2%	36.8%

大学生の1年間の支出の平均は約191万3500円だが、自宅生、自宅外生では大きく差がある。

JASSO「平成30年度学生生活調査結果」より作成

ただし、この金額には教科書代、[illegible]居費、生活費など新たに大学生活を始めるに[illegible]て必要なお金は含まれていません。それらを加えると、実際にいくらくらいかかるのでしょうか。

ＪＡＳＳＯによると、昼間部に通う大学生の平均で年間約１９１万３５００円。毎月にすると約15万９５００円です。これが家賃やサークル活動費、飲食費などを含めた大学生の平均的なトータル費用といえます。

ただし、自宅生と自宅外から通う学生ではかかる費用が大きく違ってきます。自宅から通う場合は年間約１７１万４０００円ですが、自宅外から通う場合には年間約２２２万円ほどかかります。

最終決定するためのポイント2

平均的な大学生は「奨学金＋アルバイト」でどれくらいの収入を得ているか

ＪＡＳＳＯによると、大学の1年間にかかる費用が年間平均191万3500円であるのに対し、大学生の平均収入は、約200万1300円。仕送りなど家庭からの給付が約119万6600円、奨学金が約35万9600円、アルバイトが約40万1500円、その他が約4万3600円です。

家庭からの給付が約6割を占めていますが、多くの大学生は1年間にかかる費用の約4割を奨学金やアルバイトの収入でまかなっていることがわかります。

ここで、注目しておきたいのは奨学金です。1年間に約35万9600円ということは、毎月約3万円。ただし、この金額はあくまでも目安です。新型コロナの影響などで家計が急変し、アルバイトでの収入も見込めず、学費や生活費の大半を奨学金でまかなわなくなった人もいるでしょう。

〈図表3-3〉大学生の1年間の平均収入

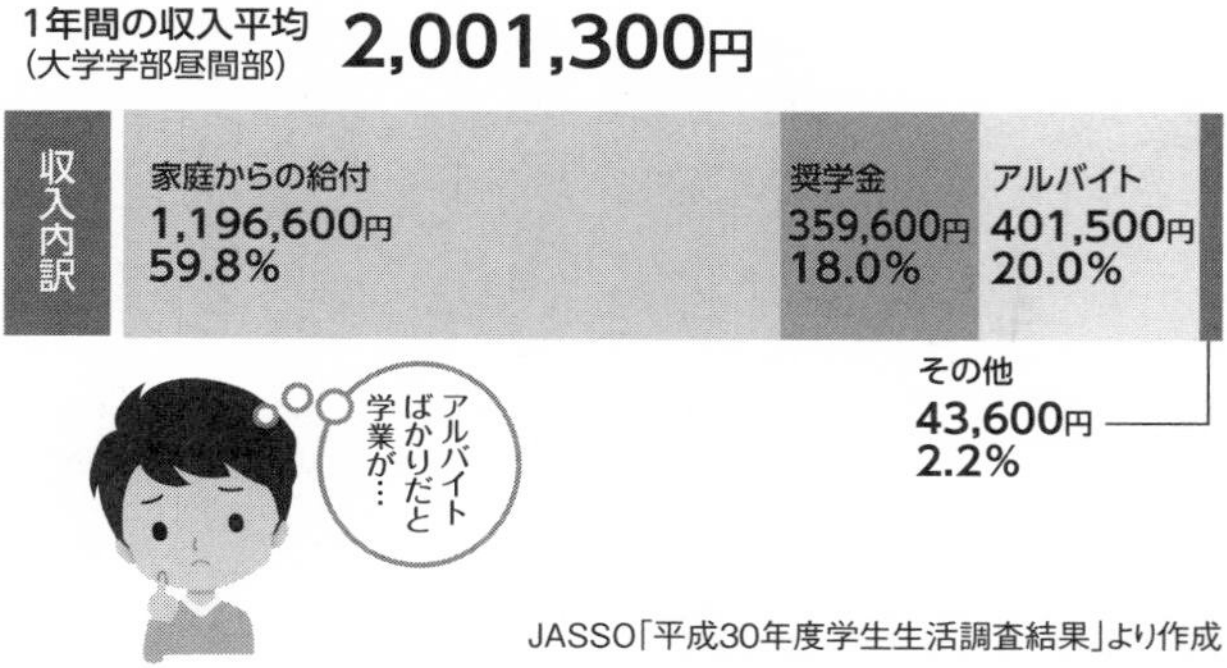

JASSO「平成30年度学生生活調査結果」より作成

その場合、年間約191万3500円のほぼ全てを奨学金でまかなわなければなりません。毎月にすると約15万9500円もの奨学金が必要になります。後の項目で詳しく説明しますが、この金額を全て第一種や第二種で借りると、将来の返還がとても厳しくなります。

家庭からの援助やアルバイトでの収入が見込めない場合でも、安易に多額の奨学金を決めてしまうのではなく、大学独自、企業や自治体、財団などが提供している「返さなくていい」給付型を「在学採用で受けられないか」、大学生活にかかる費用をどこまで下げられるかなどを再度、検討することが大切です。

その上で、奨学金を最終決定しましょう。

最終決定するためのポイント3

卒業後の返還を考えて「現実的に無理のない」返し方をイメージしておく

奨学金をいくら借りるか考えるとき、「月額10万円を4年間借りるとトータルで480万円。この額を将来、きちんと返せるものだろうか」などと、総額ベースで漠然と考えてみても、なかなかピンとこないのが正直なところでしょう。

奨学金をいくら借りるのかを具体的に考えるときには、まずは将来にわたって「毎月、いくらずつ返していくことになるのか」を考えるとわかりやすいと思います。

参考までに、第二種で毎月5万円と毎月10万円を4年間借りたときの毎月の返還額がどのくらいになるのかを次ページの図表で示しました。2020年3月に貸与が終了したと想定し、0・07%の固定利率で借りた例です。JASSOの奨学金貸与・返還シミュレーションで計算しました。

毎月5万円を借りた場合の利息を含んだ返還総額は約241万3400円。これを、毎月

〈図表 3-4〉返還額のイメージ

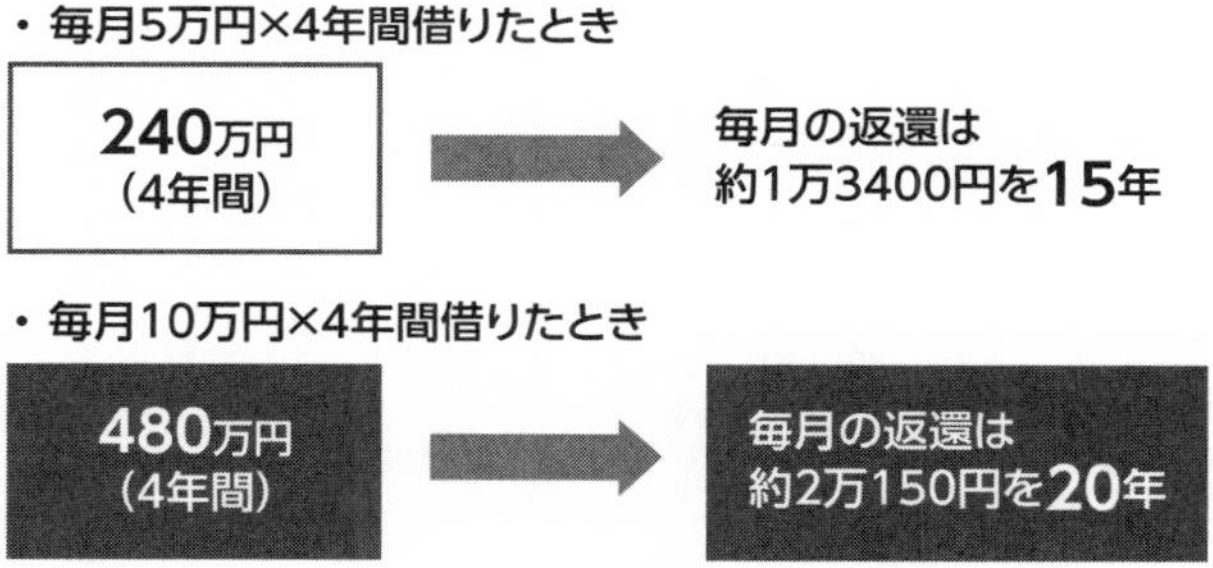

月額5万円の場合は毎月約1万3400円、月額10万円では毎月約2万150円の返還となる。借りる金額が倍になっても、毎月の返還額は倍にはならない。

約１万３４００円ずつ、15年間かけて返していくことになります（月賦《げっぷ》返還の場合。最終回のみ端数分だけ異なる）。

一方、毎月10万円を借りた場合は、利息を含んだ返還額は約４８３万５３００円で、これを毎月約２万１５０円ずつ、20年間かけて返していくことになります（同右）。返還期間は借りた額に応じて、おもに9年〜20年から自動的に決まります。

「毎月１万３４００円」という返還額は、「今月、スマホを使いすぎた！」くらいの感じで返還していくイメージかもしれません。毎月の返還額が１万〜２万円程度であれば、卒業後に無事に就職できれば何とか返すことができると考えていいでしょう。ただし、それ以上の金額となる場合には要注意です。次ページ以降で具体的に説明します。

最終決定するためのポイント4

毎月の返還額がいくらを超えると生活が厳しくなるか？

一般的に、社会人になってからの毎月の「収入（額面）」に対し、借金を返す金額の割合が10％を超えると返し続けていくのが難しくなってくると言われています。

額面の収入から税金や社会保険料などを除いた「手取り収入」に対しては15％がボーダーライン。毎月の借金返済がそれ以上になると、将来に向けた貯蓄をする余裕がなくなってしまいます。これまで多くのご家庭の家計にアドバイスをしてきた経験からいえることです。

ただし、初任給は就職が決まってからわかること。これから奨学金を借りようという人は、自分の初任給がいくらになるのかははっきりとはわかりません。

そこで、目安を示しましょう。

厚生労働省によると2019年度の大卒初任給は、おおよそ月額21万円。この収入（額面）に対して、仮に15％を返還額のボーダーラインと考えると、「毎月、約3万円」となります。

〈図表３-５〉学歴別初任給の平均額（男女計）

学歴	初任給
大学院（修士課程）修了	23万8900円
大学卒	21万200円
高専・短大卒	18万3900円
高校卒	16万7400円

厚生労働省「令和元年賃金構造基本統計調査結果（初任給）の概況」より作成

奨学金を借りる人の中には、「このくらいなら、学生のアルバイトでも稼げるお金。社会人になったときには無理なく返せる」という人が多くいます。奨学金を申し込むときには「何とかなるだろう」と思ってしまうのです。ところが、実際にはそう簡単ではないのです。毎月の返還額が「２万円を超える」と厳しくなってきます。その理由を次項で説明します。

最終決定するためのポイント5

卒業後の収入について
シビアに考えておく

なぜ毎月の返還額が「2万円を超える」と厳しくなってくるのか。注意しておきたいのは、給料の「額面」と「手取り」の違いです。大卒初任給の月額約21万円という金額は「額面」です。額面の収入から税金や社会保険料などを除いた金額が「手取り」になります。

一般的には、額面の給料から2割程度が税金や社会保険料で引かれて、8割程度が手取りの金額になると覚えておいてください。初任給が約21万円でも、税金や社会保険料などが引かれて、おおよそ16万〜16万8000円が手取りになります。2年目からは住民税も加わり、手取りはさらに少なくなります。

手取り額から家賃（住居費）、水道光熱費などを支払っていき、食事代や洋服代、娯楽費やスマホ代なども引いて手元に残ったお金から奨学金を返していくとなると、とたんに社会人としてひとり暮らしをするのにけっして余裕があるとはいえなくなります。

〈図表3-6〉「額面」と「手取り」の金額の差の一例

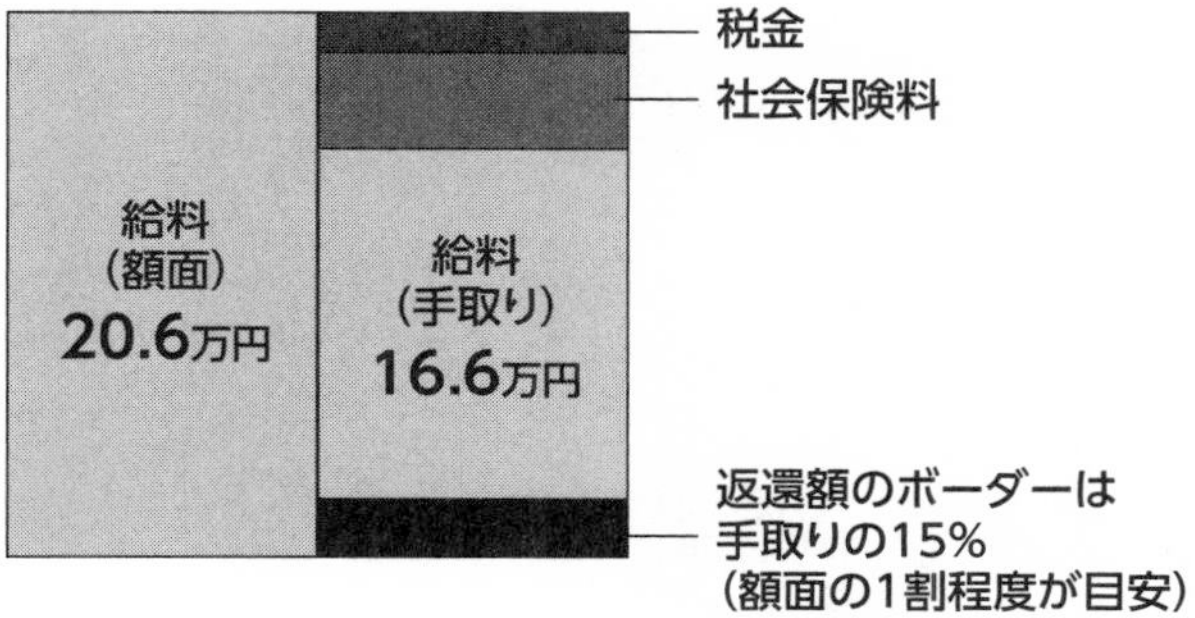

支給		控除	
項目	金額	項目	金額
基本給	20万円	健康保険料	1万円
時間外手当	0円	介護保険料	0円
通勤手当	6000円	厚生年金保険料	1万8200円
		雇用保険料	8000円
		所得税	3800円
		住民税	0円
総支給額	20万6000円	控除額総計	4万円
		差引支給額	16万6000円

※1年目からは住民税が引かれないため「0円」と記載

厚生労働省「令和元年度賃金構造基本統計調査結果（初任給）の概況」などをもとに作成

最終決定するためのポイント6

平均的な社会人1年目の収入と支出を頭に入れておく

もう少し具体的にイメージしてみましょう。初任給をベースに収入と支出の例を次のページに示します。

この図表でのポイントは、「収入－支出」の項目です。1カ月の収支を見ると、残額は約2万5500円です。この金額の中から奨学金を返したり貯蓄していくことになります。

返還額が1万～2万円程度であれば無理なく返すこともできそうですが、奨学金返還以外にまとまった出費、例えば理・美容代、友人の結婚式への出席、その他にもクレジットカードで購入したものの分割払いなどの出費があると、貯金もできずに本当に「ぎりぎり」になってしまいます。

もちろん、全ての人がこの図表に示した通りとは限りませんが、この社会人1年目の平均的な収支バランスを考えると、月額2万円を目安にして、「それを超えると返還が厳しくなる」といえるでしょう。少なくとも貯金に回せるお金が少なくなることは明らかです。

社会人２年目以降には、１年目では天引きされなかった住民税も引かれることになります。２年目のほうが１年目より手取りは減ってしまうのです。

また、奨学金を卒業後に15年や20年返し続けるということは、40代にさしかかる頃、あるいは40代になっても返還が続くことを意味します。

例えば、「その頃までにはマイホーム購入の頭金を貯めておきたい」と思っていても、奨学金の返還と並行してでは、なかなか貯金ができない状況になる可能性もあります。奨学金を借りるときには、そんなことも考えておくことが大切なのです。

〈図表３-７〉社会人1年目の平均的な収支の例

項目		平均額
収入		
	手取り収入	16万6000円
支出		
	食費	3万5000円
	家賃（住居費）	6万円
	水道光熱費	6000円
	家具・家事用品	2000円
	洋服や靴など衣類等	4000円
	保健医療費	3500円
	交通・通信	1万5000円
	教養娯楽	1万円
	その他	5000円
支出合計		14万500円
収入−支出＝奨学金の返還にあてられる金額		2万5500円

総務省統計局「家計調査（2019）」等をもとに作成

最終決定するためのポイント7

「毎月2万円」返すとしたら、「いくらまで」奨学金を借りられるのか

それでは、毎月の返還額として2万円を目安にすると、どれくらいまで奨学金を借りて大丈夫なのでしょうか。

これは、返還するときの利率がどの程度になるかにもよりますが、おおむね「月額7万円」を目安にしておくといいでしょう。毎月7万円でも、年間84万円、4年間借りると総額で336万円にもなります。

それでは、第二種で月額7万円、4年間でトータル336万円を借りた場合の返還額をJASSOの奨学金貸与・返還シミュレーションで確認してみます。これは返還時の利率によっても変わってくるので、先ほどの説明と同様に、0・07%の固定利率で19年かけて返す場合を考えてみます。

すると、毎月の返還額は約1万4800円です。月額7万円であれば、JASSOの奨学

〈図表3-8〉月7万円を4年間、第二種で借りた場合の返還イメージ

「毎月7万円を4年間」第二種だけで借りた場合、返還の総額は約338万3500円〈利率0.07%〉

「毎月7万円を4年間」第二種だけで借りた場合、返還の総額は約446万2000円〈利率3.0%〉

JASSO 奨学金貸与・返還シミュレーションをもとに作成

金の利率が上限の3・0%になったとしても、毎月の返還額は約2万円です。

これが月額8万円を借りた場合には、毎月の返還額が約2万1500円になってしまいます（利率が3・0%の場合）。「月額7万円がぎりぎり」で、「月額8万円を借りると、返還がかなり厳しくなる」と考えておきましょう。

もちろん、これは返還のときに利子がつく第二種だけで借りた場合です。もし、利子がつかない第一種や、そもそも「返さなくていい」給付型を併用する場合には、毎月受け取る奨学金の金額や毎月の返還額も変わってきます。

Check 11

総額で400万円を超えるとライフプランに支障が出る？

もう一つ、奨学金をいくら借りるのかを決めるときに、考えておきたい重要なポイントがあります。それは、借り入れの総額が400万円を超えると、ライフプランに支障が出るケースが多いということ。

総務省の「家計調査報告（貯蓄・負債編）――2019年（令和元年）平均結果――」によると、金融資産の保有額、つまり貯金の平均は、30歳代730万円、40歳代1076万円でした。ということは、平均的な家庭で貯められる金額の約半分が、奨学金返還で消えてしまうことを意味するのです。

これまで、多くのご家庭の相談を受ける中で、「奨学金の返還で思うように貯蓄ができておらず、結婚に踏み出せない」「住宅ローンを借りようとしたら、奨学金返還分がしわ寄せして希望の額の融資を受けられなかった」といった声も耳にしました。

将来のことも頭に入れて、利子がつく第二種だけではなく、利息ゼロの第一種を併用して、毎月の返還額を少なくするといった地道な工夫がとても大切です。

▼奨学金は将来にわたっての借金であるという意識を持つことも大切

これから大学生になる人が、大学を卒業したあとのことについて具体的に考えるのはなかなか現実味がないかもしれません。しかし、奨学金が将来にわたっての借金であるということを考えると、月額2万円程度の金額を返し続けていくことが、将来の自分にとってどの程度の負担になるかは、奨学金を借りる前からイメージしておく視点は重要です。その上で、無理のない借り方、返し方を考えることが大切です。

Check 12

在学中に奨学金を「増額」するのは意外に大変。だから……

一方、最初から少し多めに借りるのではなく、最低限借りておいて、苦しくなったら途中で「奨学金を増額すればいい」と考える人もいるかもしれません。しかし、これは意外に難しいのです。

第一種は、「自宅通学」か「自宅外通学」かによって毎月、借りられる金額が決まっているので、自宅通学だった人が「自宅外通学になった」というように借りるための条件が変更されなければ、原則として増額は認められないと考えておいたほうがよいでしょう。

▼増額できたとしても受け取れるようになるまで時間がかかることも

第二種は、借りている途中で増額できますが、いずれも学生生活を継続していく上で必要と認められた場合です。短期間に増額や減額を繰り返すことや、一時的な理由によるものは認められません。また、すぐには認められずに、増額した奨学金を受け取るまでに時間がかかることもあります。

奨学金が少なくて、生活費が足りなくなってしまい、それを補おうとしてもアルバイトがうまく見つからず、結果的に授業料などを支払えずに大学を退学せざるをえなくなる——そんなことにならないよう、しっかり考えて借りる額を決めてください。

最終決定するためのポイント8

第一種と第二種を「満額」借りたら、将来の返還額はどうなるか？

将来にわたって無理のない返還額を「毎月2万円」とするなら、奨学金を借りられるのは月額7万円程度と説明しました。

しかし、授業料や生活費を全て奨学金でまかなおうという人は、「この金額では足りない……」と思うでしょう。

先に説明しましたが、JASSOによると、親元を離れて大学に通う学生が1年間に必要なお金は、授業料や通学費、アパートの家賃なども含めてトータルで約222万円です。月額にすると約18万5000円。このお金の多くを奨学金に頼る人も多いでしょう。

そこで、約18万5000円に近い金額として、第一種を月額6万4000円、第二種を月額12万円借りる併用で4年間借りたときの返還パターンを示します。

第二種の利率を0・07％とすると、大学卒業後には毎月約3万7000円の返還が20年間

〈図表3-9〉第一種と第二種を満額借りたときの返還例

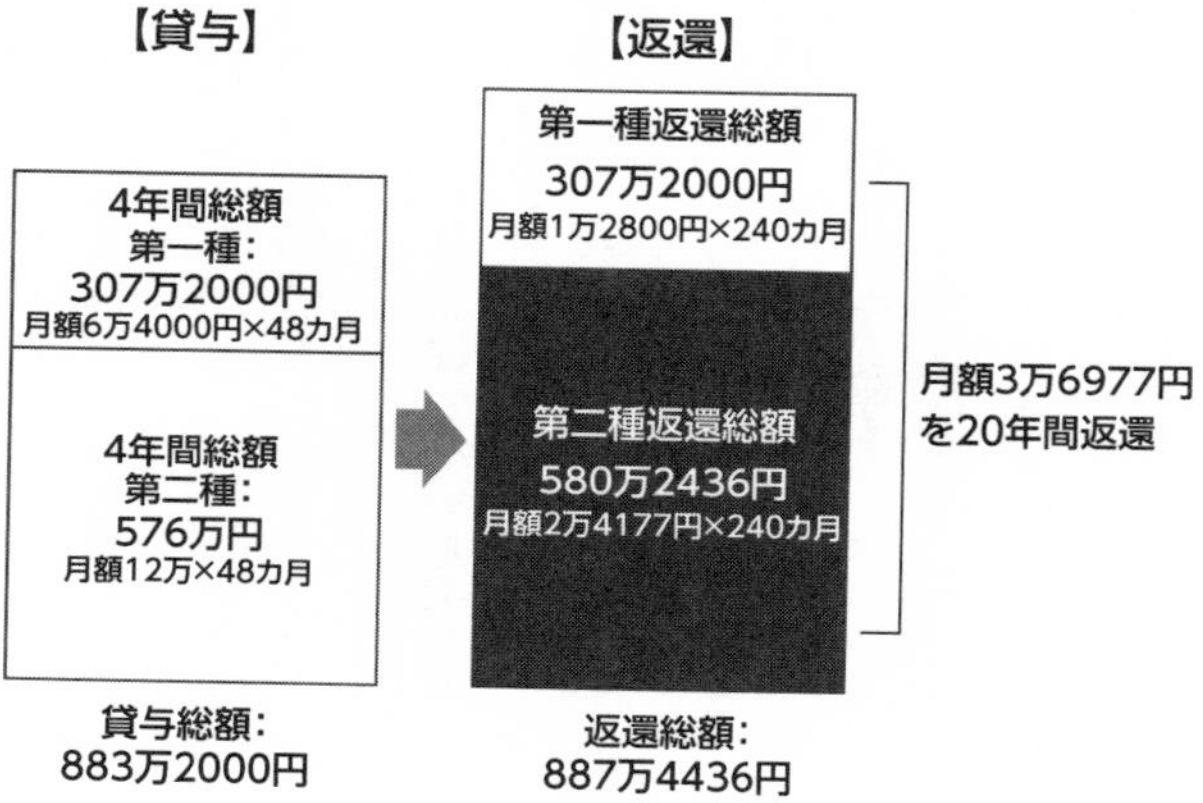

JASSO 奨学金貸与・返還シミュレーションをもとに作成

続くことになります。

大卒の初任給が20万円程度とされる時代にあって、毎月3万7000円を返し続けていくのは簡単なことではないでしょう。

JASSO以外にも大学独自や企業、自治体、財団などの給付型に申し込む、授業料減免を申請する、普段の大学生活にかかるお金を見直すなどの工夫をすることが大切です。

コラム３

ＪＡＳＳＯの奨学金の利率は、一般のローンと比べて高い？　低い？

実際のところ、ＪＡＳＳＯの第二種の利率は、一般的なローンと比べると高いのでしょうか、低いのでしょうか。

第二種の利率を考えるとき、覚えておきたいのは「上限３％」と決められていること。ちなみに、これまで３％にまで上がったことはありません。

過去に１・９％の金利をつけた時期もありましたが、２０２０年３月まで第二種を借りていて卒業した人の例では、利率固定方式で０・０７％、利率見直し方式で０・００２％です。

適用利率は貸与終了時に決まるので、これから奨学金を借りようという人がどの程度の利率になるのかは現時点ではわかりませんが、少なくとも現状の利率は低い水準といえます。

もちろん、この先もずっとこの低金利が続くとは限りません。一般のローンも市場金利に連動して動くことから一概には言い切れませんが、例えば、さまざまな銀行の教育関連ローンの利率が１・５～４％程度（変動金利）であることを考えると、ＪＡＳＳＯの奨学金の利率はかなり低いといえるでしょう。

第4章

将来の返還額、ここで差が出る！

大学在学中にしておきたい「授業料免除」「切り替え」「繰上返還」……

奨学金を借りる金額や期間は、人によって異なりますが、大学1年生から4年生まで借りた場合には、ＪＡＳＳＯの貸与型奨学金では、卒業後に9年〜20年をかけて返還していくのが一般的です。

借りている期間は4年間程度でも、大学卒業後、就職してからも長きにわたって返還し続けていかなくてはなりません。

そこで、奨学金の貸与を受けている在学中には、将来の返還の負担をできるだけ少なくするために、授業料減免の新制度の活用や、返還時に「利子がつく」第二種奨学金から無利子の第一種への切り替え、または繰上返還などについて検討することが大切です。

この章では、ＪＡＳＳＯの奨学金について、大学入学直後の4月にやっておくべきこと、そして、将来の返還の負担をできる限り少なくするために、在学中に検討しておくポイントについて説明します。

入学直後、在学中、そして卒業までにやっておくこと

入学後・在学中にしておきたいこと１

まずは「進学届」を必ず提出する

大学入学後の４月頃に「進学後の手続き（進学届の提出）」を行うと、４月〜６月のいずれかの月に本人名義の口座に初回の奨学金が振り込まれます。

進学届を提出しないと奨学金を受け取ることができないので、進学した大学を通じて必ず進学後の手続きをしてください。

奨学金の振り込みは、早ければ４月下旬、遅いと６月半ばかそれ以降になります。

〈図表 4－1〉進学届の提出手順

●まずは、進学後に進学先の大学に「採用候補者決定通知【進学先提出用】」を提出

⬇

●進学先の大学から進学届入力下書き用紙を受け取って記入

⬇

●進学先の学校から、識別番号（ユーザＩＤとパスワード）を受け取る

⬇

●進学先の学校が指定する期間までに、インターネットで進学届を提出

※詳細は JASSO のホームページ等で確認してください。
https://www.jasso.go.jp/shogakukin/moshikomi/yoyaku/yoyakukouhosha.html#singakugo

▼進学届はインターネットで提出

進学後に奨学金を受けるための手続き（進学届の提出）は、上に示した手順で実施します。

進学届を提出する際は、採用候補者決定通知【本人保管用】に記載の「進学届提出用パスワード」も必要です。進学届の提出についての詳細はＪＡＳＳＯのホームページなどで確認してください。

入学後・在学中にしておきたいこと2

給付型や第一種奨学金に再チャレンジする

大学入学直後のこの時期に、進学届の提出とあわせて忘れてはならないのが、奨学金の「在学採用」の確認です。

在学採用とは、大学に入学した人（在学生）を対象とした奨学金の申し込み制度で、高校3年時の予約採用に間に合わなかった人や、希望通りに奨学金を借りられなかった人が、再度、自分が希望する奨学金に申し込めるチャンスです。

毎年4月頃に新入生も含めて、進学した大学、在学している大学を通じて申し込めます。

例えば、予約採用で「第二種で月額5万円」借りると決めた人でも、在学採用で「第一種で月額5万円」に申し込んで採用されれば、切り替えることができるのです。

また、すでに大学2年以上で、それまで第二種を借りていたが第一種に「切り替えたい」という人は、この時期に在学している各大学で行われる「在学採用の申し込み説明会」に必

〈図表4－2〉在学採用で再チャレンジできること

どの奨学金にも採用されていない人	➡	給付型、第一種、第二種への申し込み
第一種を受ける人	➡	給付型、もしくは第二種、併用貸与への再度、申し込み
第二種を受ける人	➡	給付型、もしくは第一種、併用貸与への再度、申し込み
第一種と第二種を併用の人	➡	給付型への再度、申し込み

ず出席し、在学採用で申し込める奨学金と申し込み方法を確認してください。

入学後・在学中にしておきたいこと３

「奨学金の切り替え」を考える人は「手続き」をしっかりと確認

在学採用の申し込みや奨学金の切り替えの手続きは慎重に進める必要があります。

例えば、予約採用で第二種に採用された人が在学採用で第一種に切り替える場合には、「在学採用で新規に第一種に申し込み」、採用された後で「第二種を辞退する手続きをする」ことになります。給付型や第一種への切り替えには、「新規の申し込み」が必須ということ。

具体的には、４月に大学で実施される在学採用の申し込み説明会に参加した後、通常は４月下旬頃までに大学を通じて新規に申し込み、その後、５月～６月にかけて採用か不採用かの結果が通知されます。在学採用の申し込みの際に、例えば「第二種を受給中だが、第一種への変更希望」というようにして申請します。

ポイントは、在学採用が「決定した後」に、すでに申し込んでいた奨学金を「辞退する」手続きをすること。５月～６月の採用結果の通知を待たずに、すでに申し込んでいる奨学

〈図表4-3〉在学採用で第二種から第一種に切り替える手順

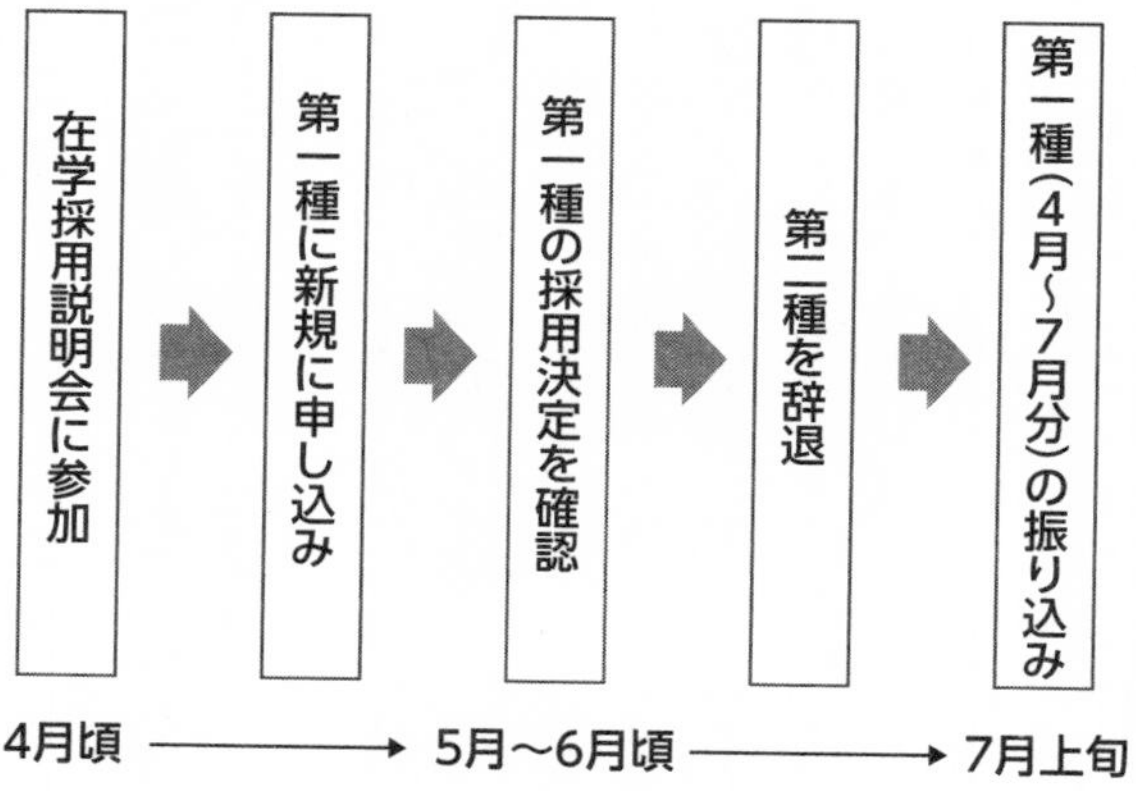

金を先に辞退してしまうと、もし採用されなかったときに全ての奨学金を借りられなくなってしまいます。

一度、辞退した奨学金を再度、申し込むことはできないので、奨学金の切り替え手続きは慎重に進めてください。

なお、在学採用で第一種など希望する奨学金に採用された場合、通常は7月上旬に4～7月までの4カ月分がまとめて振り込まれます。

また、すでに振り込まれていた第二種の奨学金については、返金するかたちで調整されることがあるので留意しておきましょう。

Check 13

「授業料の減額・免除」を受けられるかも必ず確認しよう

2020年から、家計や学力の基準を満たした人に対して、大学の授業料や入学金を減額・免除する制度がスタートしたことは序章でも説明しました。

大学に入学した後、そして在学中にはこの制度を利用できるかどうかを必ず確認しましょう。この制度では、次のような支援が受けられます。

- ●授業料：国公立大学は年間約54万円、私立大学は年間約70万円を上限に支援
- ●入学金：国公立大学は約28万円、私立大学は約26万円を上限に支援

▼大学独自の授業料減免制度がないか調べてみよう

また、序章で説明しているように、JASSOの授業料減額や免除の新制度だけではなく、大学が独自に授業料減免の支援を実施している場合もあります。自分が進学した大学で、独自

の授業料減免制度があるかどうかを調べることも大切です。

　具体的には、学費を「全額免除＝払わなくてよい」場合や、一部を免除して学費の負担を少なくしてくれる制度です。

　入学金については、入学金を免除してくれる場合や、いったん支払った入学金を後から返還してくれる制度などがあります。

入学後・在学中にしておきたいこと４

定期的に大学生活にかかるお金を見直す

さて、この時期には、「大学生活にいくらかかるか」、あるいは「いくらかかっているのか」が具体的にわかっています。

大学生活にかかるお金を見直して、在学中に奨学金を「減額」（借りる金額を少なくする）できれば、将来の返還の負担も軽減できます。

どう見直したらいいのでしょうか。

ＪＡＳＳＯが毎年実施している学生調査の結果をもとに、親元を離れて私立大学に通う学生の毎月の平均支出パターンを見てみましょう。

奨学金を毎月７万円借りて、さらにアルバイトと家庭からの仕送りで８万～10万円程度の合計15万～17万円程度の収入があるとします。

授業料を下げることはできないのですが、家賃や食費を見直したり、スマートフォンを格

〈図表 4-4〉大学生の毎月の支出見直しのポイント

項目	
授業料	80000円
家賃	50000円
食費	30000円
水道光熱費	6000円
スマホ代	5000円
インターネット代	4000円
娯楽費	5000円
その他	5000円
支出合計	18万5000円

➡

項目	
授業料	80000円
家賃	**40000円**
食費	**25000円**
水道光熱費	6000円
スマホ代	**2000円**
インターネット代	**3000円**
娯楽費	**3000円**
その他	**3000円**
支出合計	**16万2000円**

JASSOの「平成30年度学生調査結果」から概算で作成

安のプランに変更したり、インターネットとスマホのセットで安くなる料金プランに変更するなどして、日々の生活にかかるお金を見直すことで、月額16万円程度に抑えることはできるでしょう。

大学卒業後の新社会人が実際に手にできる収入もその水準なので、学生時代から慣らしておくと将来に役立ちます。

入学後・在学中にしておきたいこと5

毎月の支出を抑えて「繰上返還」を検討する

ただし、毎月の支出を抑えることができたからといって、すぐに奨学金を減額することはちょっと待ったほうがよさそうです。サークル活動など新しい経験をする中でケガをしたり、運転免許を取得して自動車を運転して思わぬ事故に巻き込まれたりと、大学生の暮らしでは、いつ急な出費があるかわからないからです。

また、大学3年になって就職活動に入ると、アルバイトをこれまでのペースでできなくなり、家計がピンチという話もよく耳にします。

そこで、月額の支出を抑えることでお金に余裕ができたら、いきなり奨学金を減額するのではなく、その分はしっかり貯金し、その貯金を「繰上返還」にあてるのが得策です。

通常、奨学金を返すときには、毎月一定額を返還していくことになりますが、これをあるタイミングで全額、もしくは一部をまとめて返還するのが繰上返還です。

〈図表4-5〉繰上返還のメリット

第二種を借りている人なら……

- 早く返還すればするほど利子負担が少なくなるので、繰上返還すると「返還総額を少なく」できる
- 在学中に繰上返還した分には「利子がつかない」ので、借りた金額と同額を返還すればよいことになる

第一種を借りている人でも……

- 繰上返還で奨学金の借り入れ額を減らしておけば、将来、住宅ローンを借りるときなどに影響が少なくなる

なぜ、おすすめするかというと、繰上返還にはいくつかのメリットがあるからです。

まず、繰上返還すれば、第二種の場合、「奨学金にかかる利子」を払わなくてすむというメリットがあります。

奨学金は、在学中には利子がかかりません。つまり、在学中に返還するのであれば、たとえ第二種を借りていても「借りた分と同額を返還すればいい」のです。

このメリットを活かして、繰上返還して、将来の利子の負担を減らしていくといいでしょう。

入学後・在学中にしておきたいこと6

奨学金を「いつから返すのか」を確認しておく

奨学金の返還が始まるのは、「大学を卒業してから」と漠然と考えている人も多いかもしれません。

たしかに、入学から大学4年生の3月までの4年間、奨学金を借りた人なら、卒業後の10月から返還が始まります。ところが正確には違います。「貸与が終了した月の7カ月目から」です。

例えば、在学中に奨学金を辞退し、大学3年の5月に最終分が振り込まれた（貸与が終了した）場合、大学3年の12月から返還が始まってしまうこともあるのです。

なかには、奨学金を借りる期間を「大学1年生の4月から2年間」というように決めている人もいるでしょう。その場合には、貸与の終了が大学2年の3月になります。返還が始まるのは、7カ月目の大学3年生の10月からですが、在学中は申請すれば「最短の卒業予定年

〈図表4-6〉在学猶予（返還期限の猶予）で返還開始時期を延ばす

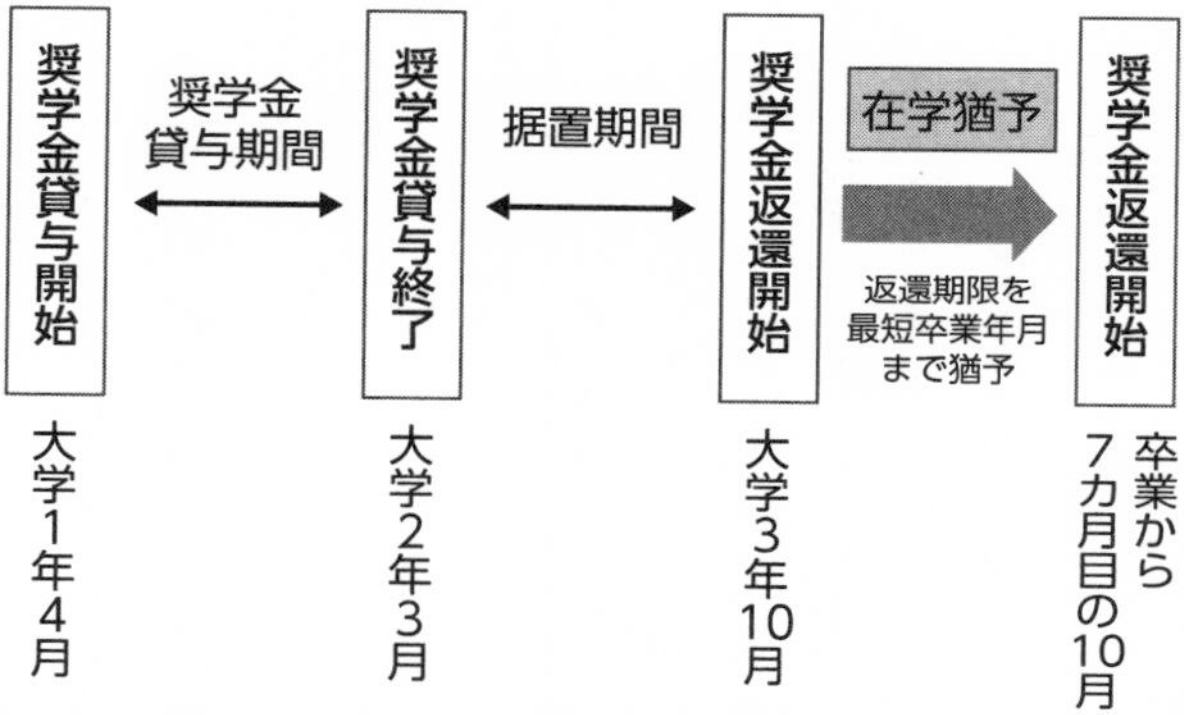

在学猶予を申請すれば、返還開始時期が最短卒業年月まで猶予されるほか、利子もつかない。

月まで」、つまり大学4年の3月まで返還期限が猶予《ゆうよ》されるほか、猶予された期間分の利子もつきません。

ここで、大切なことは、自分が借りている奨学金の期間によっては、在学中に返還開始となってしまう可能性があるということ。まだ就職も決まっていなく、安定した収入が得られていない状況で、奨学金を返還するのは経済的に難しいと思われます。

そこで、自分が「いつまで奨学金を借りているのか」、最終貸与月をきちんと確認しておいて、もし、在学中に奨学金の返還が始まってしまう場合には、「在学猶予」（返還期限の猶予）の手続きをするようにしましょう。

☑Check 14

「繰上返還」3つのパターンを知っておく

繰上返還は「貸与終了後」ならいつでもできます。奨学金の貸与や給付を受けながらの繰上返還はできませんが、「奨学金の辞退後」、または、「最終分の奨学金が振り込まれた後」であれば繰上返還は可能です。実際に繰上返還をするには、次に示すように大きく3つのパターンがあります。

【パターン1】卒業前：在学中の繰上返還

大学を卒業する直前の3月に全額、または一部を繰上返還するパターンです。

卒業前・在学中に全額を繰上返還すると、第二種を借りた人でも利子を払う必要がなくなるのが大きなメリット。一部繰上返還する人も「繰上返還した分」については利子を払う必要がなくなります。卒業した4月1日以降から全額を払い終わるまで、「残金」に対してのみ利子がかかります。その場合でも、残金が減った分、利子が少なくてすみます。

また、奨学金を借りるときの保証人・連帯保証人に機関保証制度を利用していた人は、卒業前に全額を繰上返還すると返還完了になるので、保証料の「およそ7割」が戻ってきます。

一部繰上返還の場合には、返還期間が短縮されるので、返還が完了した時点で保証料の一部が戻ることがあります。

大学1年生の4月から2年間、奨学金を借りて、在学中は返還猶予、卒業後から返し始めるという人もいるでしょう。その場合でも「在学猶予中の繰上返還」が可能です。

【パターン2】卒業後の繰上返還（据置期間中）

奨学金の返還が始まるのは「貸与が終了した月の7カ月目から」です。大学4年の3月まで奨学金を借りた人なら、卒業後から7カ月目の10月27日が第一回目の奨学金の返還日になります。この大学卒業後から「最初の返還が始まる」7カ月後の10月27日までの間を「据置期間《すえおき》」といいます。この措置期間の間に奨学金の全額、または一部を繰上返還することもできます。それが繰上返還の2つめのパターンです。

措置期間中に繰上返還するとどのようなメリットがあるのでしょうか。第二種を借りた人は、じつは据置期間中でも利子がついています。繰上返還することで、その利子分の負担を減らせ

〈図表4-7〉繰上返還の3つのパターン

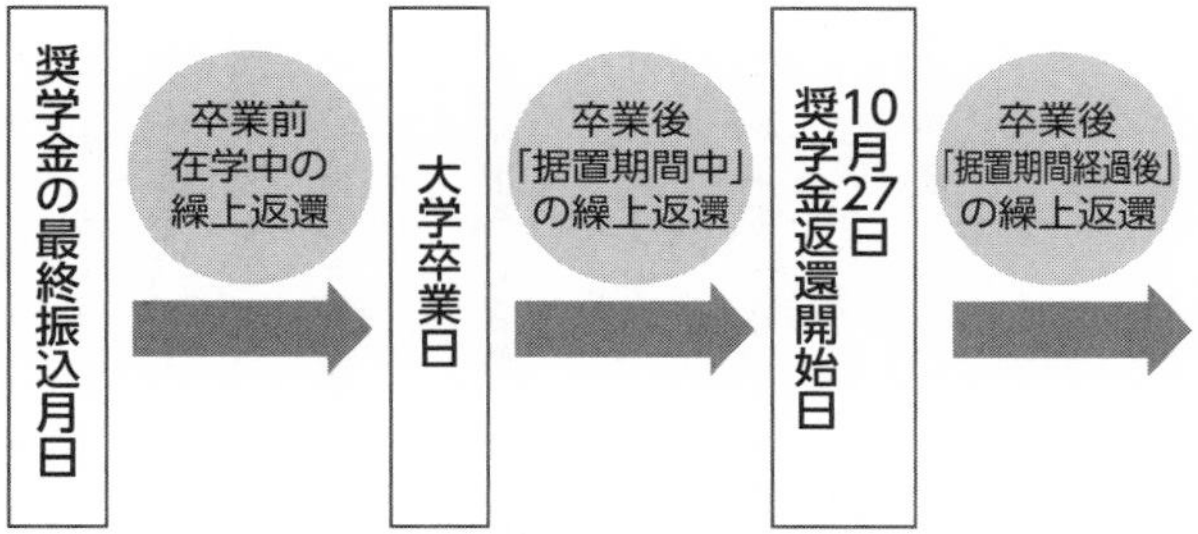

ます。据置期間中に全額を繰上返還する場合、その日までの利子はついてしまいますが、利子の支払総額は少なくてすみます。一部を繰上返還する人も同じように、全額を払い終わるまでの利子がつきますが、利子の支払総額は減ります。

一方、奨学金を借りるときの保証人・連帯保証人に機関保証制度を利用していた人には、据置期間中に全額返還すると保証料の「およそ7割」が戻ってきます。一部繰上返還の場合には、返還期間が短縮されるので、返還が完了した時点で保証料の一部が戻ってくることがあります。

【パターン3】卒業後の繰上返還（据置期間経過後）

大学4年の3月まで奨学金を借りた人なら、社会人になって働き始めた10月から奨学金の返還がスタートします。その後は毎月、返還し続けていくのですが、もし、生活費に余裕があるのなら、全額、または一部を繰上返還することを検討してみましょう。

それが繰上返還の3つめのパターンです。

この繰上返還では、全額を返還し終わるまでの利子がつきますが、返還期間を短くできるので、その分の利子を減らすことができます。機関保証制度を利用していた人は、返還が完了したときに保証料の一部が戻ってくる可能性があります。

▼繰上返還をするにはどんな手続きが必要なの？

繰上返還をするには、JASSOのインターネットシステム「スカラネット・パーソナル（スカラネットPS）」から申し込みます。

スカラネットPSとは、奨学金を貸与中や返還中の人が、自分の奨学金に関する情報を24時間インターネット上で確認・閲覧できるシステムです。JASSOのホームページから、スカラネットPSのページにアクセスして、自分で利用登録をします。また、電話や郵送でも繰上返還の申し込みができます。

【スカラネット・パーソナル】https://scholar-ps.sas.jasso.go.jp/mypage/

入学後・在学中にしておきたいこと7

在学中には、必ず「返還条件」を見直そう

将来の奨学金返還の負担を少しでも軽減するには、在学中のこの時期に奨学金の返還条件を見直すことが大切です。

例えば、第一種を借りている人なら返還条件を見直し、所得連動返還方式にしておけば、将来、就職した会社が突然倒産して所得を思うように得られない状況になったとき、毎月の返還額の負担を軽減できる可能性があります。

▼奨学金の返還条件は第一種と第二種で違うことを確認しておこう

奨学金の返還方式は、第一種、第二種によって異なります。

第一種は、毎月一定額を返還する定額返還方式と所得連動返還方式を選択できます。所得連動返還方式は、社会人になって返す際に、「前年の収入に応じて毎月の返還額が変わる」

のがポイントです。

収入が減った場合には、毎月の返還額を少なく設定されるので無理なく返し続けていくことができますが、一方で月々の返還額が変わるので、それに応じて返還期間も変わってきます。つまり、「少なく返すと長くかかる」ということ。

第一種の返還方式の選択は申し込み時に決めますが、貸与中であれば変更可能。手続きに時間がかかるため、4年生の秋頃にはどうするか決めて、必要な場合は手続き方法の確認がおすすめです。貸与終了後でも定額返還方式から所得連動返還方式への変更は可能ですが、逆はできません。

なお、所得連動返還方式を利用するには、機関保証を選択する必要があります。人的保証を選択している人は、保証料を一括で支払う必要があることを留意しておいてください。

第二種の返還方式については次項「入学後・在学中にしておきたいこと8」で解説します。

〈図表 4 - 8〉定額返還方式と所得連動返還方式

返還のモデルケースとして、第一種奨学金の私立自宅外生の貸与額（貸与総額240万円、貸与月額5万円、貸与期間48カ月）を設定

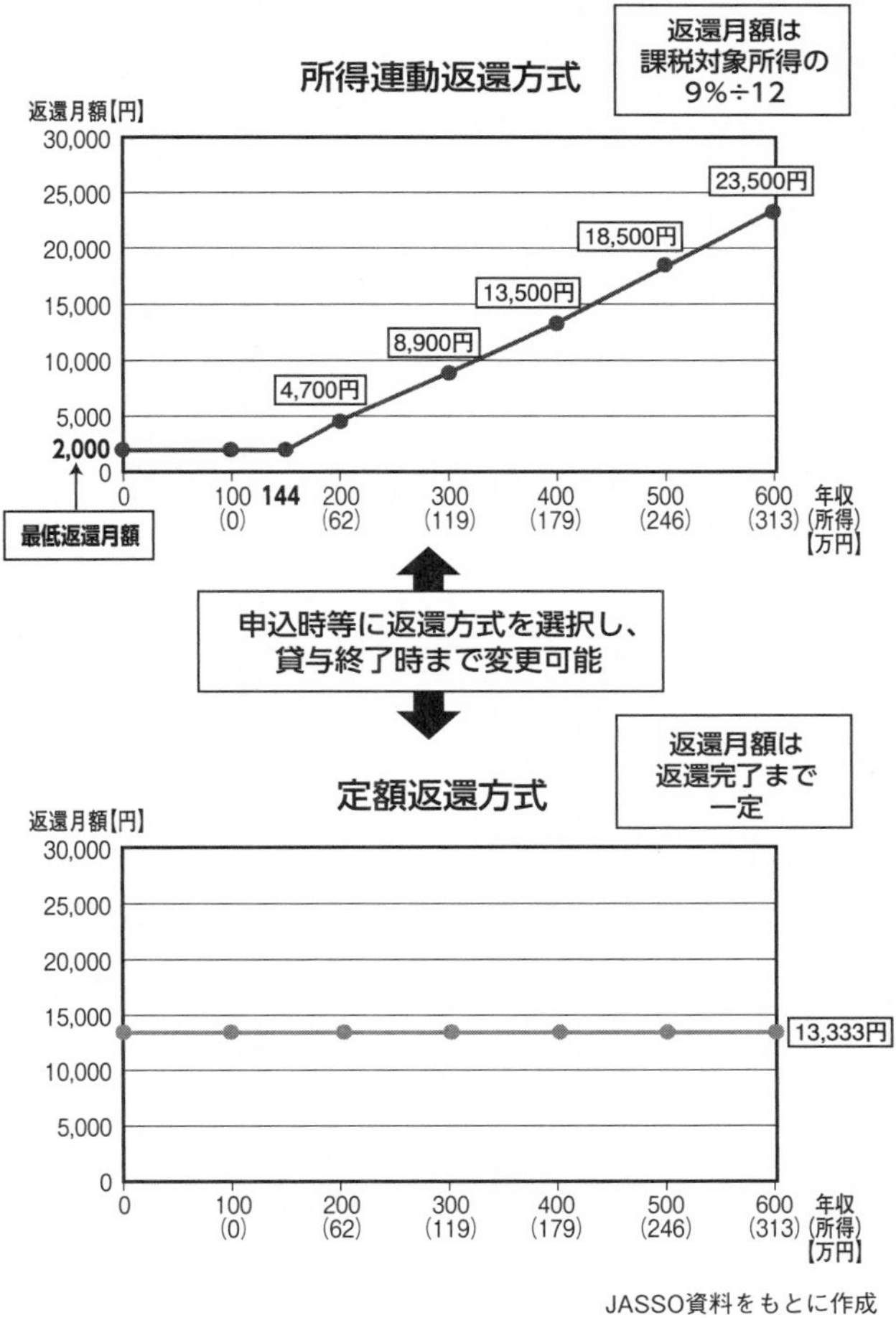

JASSO資料をもとに作成

Check 15

定額返還方式の「月賦返還」と「月賦・半年賦併用返還」って何？

定額返還方式には、借りた総額を期間で割って毎月の返還額を決定する「月賦《げっぷ》返還」と、総額の半分を月賦返還し、残りの半分については半年に1回（1月と7月の年2回）のペースで返還する「月賦・半年賦《はんねんぷ》併用返還」があります。

第一種で所得連動返還方式を選んだ場合、年収に応じて毎月の返還額が自動的に計算され、「月賦返還」で返還していくことになります。このときに「月賦・半年賦併用返還」を選ぶことはできません。

次項で解説しますが、第二種の返還方式は、毎月定額を返還する「定額返還方式」のみです。借りた奨学金の金額によって、毎月の返還額と返還回数、つまり「何年で返すのか」が自動的に決まります。

第二種の定額返還方式でも、借りた総額を期間で割って毎月の返還額を決定する「月賦返還」と、総額の半分を月賦返還し、残りの半分については半年に1回（1月と7月の年2回）の

〈図表4－9〉「月賦返還」と「月賦・半年賦併用返還」

月賦返還

毎月定額の返還です

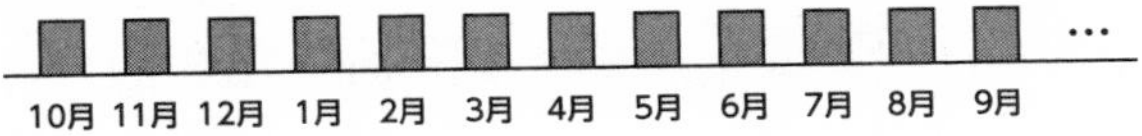

月賦・半年賦併用返還

返還金の半分については毎月返還し（月賦分）、もう半分については半年に1回（1月と7月に）返還する（半年賦分）、「月賦と半年賦」とを併せた返還です。

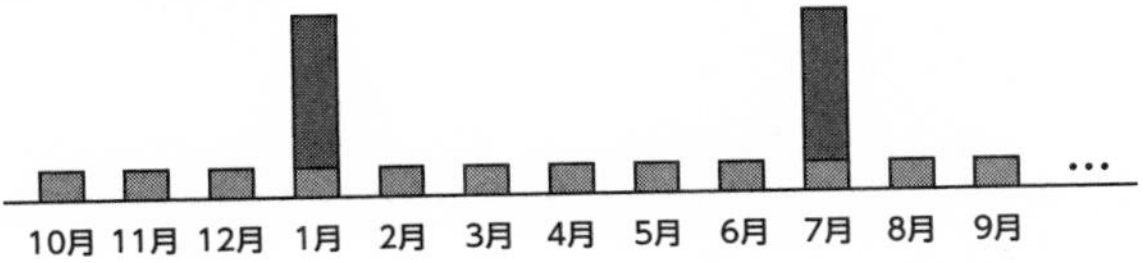

JASSO資料をもとに作成

ペースで返還する「月賦・半年賦併用返還」があります。

「月賦返還」なら毎月一定額を返還していくので返還計画が立てやすくなるといったメリットがあります。

「月賦・半年賦併用返還」なら、年2回（1月と7月）に返還額が増えますが、他の月は返還額を少なくできます。

どちらがいいのか、一概には言い難いのですが、就職先が年俸制で賞与がない場合などには月賦返還のほうが適しているかもしれません。

第二種は「利率固定」か「利率見直し」を検討する

貸与型奨学金の第二種の返還方式は「定額返還方式」だけですが、適用利率については、貸与終了時に決定された利率が返還完了まで適用される「利率固定方式」と、返還期間中におおむね5年ごとに利率を見直す「利率見直し方式」のどちらかを選べます。

どちらの方式にするかは、奨学金の最終分が振り込まれる月（貸与終了）の「一定期間前まで」は変更可能です。例えば、大学4年の3月まで奨学金を借りている人なら、3月の「一定期間前」まで変えられるということ。「一定期間前」がどの程度前なのかは、在学している大学に確認してください。

利率固定方式は、毎月の返還額が変わることはありません。利率見直し方式は、おおむね5年ごとに利率の見直しがあり、その利率によって毎月の返還額が変わります。

利率固定方式とするか利率見直し方式とするかは迷うところですが、２０２０年3月に貸

〈図表 4－10〉利率固定方式と利率見直し方式の返還のイメージ

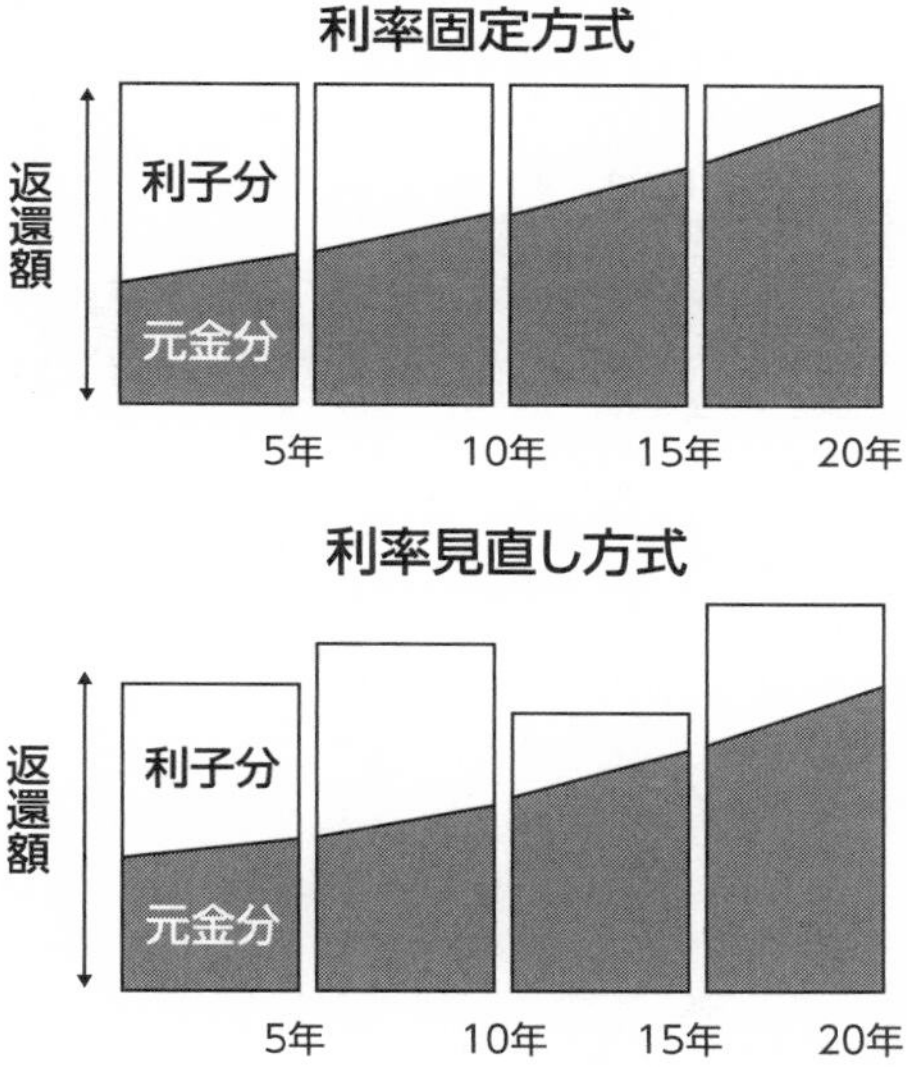

JASSO資料をもとに作成

与が終了する人の利率は、利率固定方式が0・07％で、利率見直し方式が0・002％です。利率が上がるリスクがある分、利率見直し方式のほうが利率は低くなっています。

奨学金を4年間借りる人であれば、大学卒業前に就職先が決まってからでも変更できます。将来、着々と収入アップしていきそうな安定企業に就職できたのなら、（利率が低い水準にあるのなら）利率見直し方式を選び、後から利率がアップしても上限は3％なので対応可能だと考えられます。

Check 16

利率固定方式のメリットは「将来の返還計画が立てやすい」こと

就職先ついて、あまり将来の昇給を期待できないと思える人もいるでしょう。そんな場合には、利率固定方式を選んだほうが、将来にわたっての返還計画も明確に立てやすく、安心です。

利率見直し方式と比べると利率が高いように感じますが、一般的に民間の教育ローンなどに比べると金利は低い水準にあります。先にも説明していますが、利率固定方式か利率見直し方式か、いつまでなら変更可能なのかは、毎年、少しずつそのタイミングが変わっています。入学から大学4年の3月までの4年間、奨学金を借りる人なら、大学4年生に進級した4月以降に大学の奨学金窓口で変更可能なタイミングを確認できます。

Check 17

第一種なら、返還が困難なときは「月2000円」ずつも可能

貸与型奨学金の第一種は利子がつかないだけでなく、返還のときに所得連動返還方式を選択できることを説明しました。

これは、前年の所得に応じて、その年の毎月の返還額が決まるのですが、前年の所得がない卒業後の最初の年度の返還額は、どうなるのでしょうか。

この場合は、借りた額に応じて自動的に決まる「定額返還方式の返還月額」の「半額」に設定されます。もし、それでも返還が困難な場合は、申請すれば「月額2000円に減額」することもできます。

入学後・在学中にしておきたいこと9

返還が難しくなったときの「猶予制度」を知っておく

貸与型奨学金は、ちゃんと返還計画を立てて返還していくことが大切です。ただ、予想外の事態で返還が難しくなることもありえます。

それでも、安易に滞納してしまうと、今後の人生に大きな影響が出る恐れも。そこで、奨学金の返還が難しくなったときに申請できるのが減額返還の制度です。

この制度は、「約束通りの返還は困難」だが、「減額した金額なら返還が継続できる」という人が利用できる制度です。

「返す額を減らしてくれれば、返し続けられる」という人のための制度といえます。

地震などの災害や病気、失業などの理由から月々の返還が困難となった場合でも、「延滞することなく計画的に返していく」ことができます。

この制度では、一定期間、「毎月、返還する月額を2分の1または3分の1に減額」して、

〈図表 4–11〉減額返還できる所得基準

経済的事由の場合……

- 目安として所得証明書等の年間所得金額 325 万円以下

※給与所得以外の所得を含む場合は年間所得金額 225 万円以下

- 本人に被扶養者がいる場合、1 人につき 38 万円を収入・所得金額から控除できる

毎月の返還額を減らした分、返還期間を延ばすことで、返還しやすくします。

この制度を利用しようという人は、毎年、申請することでその年の返還額が減額されます。つまり、1回の申請で1年間の減額返還が認められるということ。

例えば、地震など災害からの復旧が思うように進まない、病気の治療が長引いているといった場合には、申請を繰り返すことにより、最長で15年間までは減額返還が認められます。

ただし、第一種を借りていて所得連動返還方式を利用している場合、減額返還は利用できないという点には注意が必要です。

〈図表4-12〉減額返還のイメージ

〈例〉2分の1での返還方式を選択した場合
・当初割賦金額　　　　　:10,001円
・減額返還希望適用期間　:12カ月(1年)
・20＊＊年10月より減額返還適用開始

返還期日	支払割賦金額
20＊＊ 9月	10,001円
20＊＊10月	10,001円
20＊＊11月	10,001円
20＊＊12月	10,001円
20＊＊ 1月	10,001円
20＊＊ 2月	10,001円
20＊＊ 3月	10,001円
20＊＊ 4月	10,001円

減額返還適用後の返還計画

返還期日	支払割賦金額
20＊＊ 9月	10,001円
20＊＊10月	5,001円
20＊＊11月	5,001円
20＊＊12月	5,001円
20＊＊ 1月	5,001円
20＊＊ 2月	5,001円
20＊＊ 3月	5,001円
20＊＊ 4月	5,001円
20＊＊ 5月	5,001円
20＊＊ 6月	5,001円
20＊＊ 7月	5,001円
20＊＊ 8月	5,001円
20＊＊ 9月	5,001円
20＊＊10月	10,001円

減額返還適用期間

※当初の返還計画は毎月約1万円だったが、1年間は2分の1での減額返還に変更したときの返還イメージ。12カ月間、半額の約5000円で返還する。
※返還期間は変わるが、返還総額は利子を含めて変わらない。

JASSO資料をもとに作成

入学後・在学中にしておきたいこと10

返還期限を延長できる制度も知っておく

貸与型奨学金を借りていて、災害、傷病、経済困難、失業などの理由から、返還が困難となった場合には、一定期間「返還を停止し先送りにする」ことで、その後の返還をしやすくすることもできます。それが、「返還期限猶予の制度」です。

返還期限の猶予により、返還期間は自動的に延長されますが、利子を含め返還総額は変わりません。

この制度を申請して認められた期間については、返還の必要がありません。つまり、その期間に限っては毎月の返還をしなくてもよいということになります。

その期間が終了した後には、返還が再開され、それに応じて返還終了年月も延期されることになります。

返還期限猶予の制度を利用するには、毎年の申請が必要です。つまり、１回の申請で１年間の返還期限の猶予が認められます。

1年間の返還猶予では返還の再開が難しいという場合には、その翌年も申請を繰り返すことにより、最長で10年間までは返還の猶予が認められます。なお、第一種の場合、奨学金申込時の家計収入がJASSO所定の要件に合致する人は、10年間の制限なく申請できます。

前項で紹介した減額返還の制度を利用して毎月の返還額を半分や3分の1に減らしても、なお支払いが難しいというときには、早めに返還期限猶予を申請するようにしましょう。


返還期限猶予の制度を申請して認められる収入の基準は、給与所得者の場合、年間の収入が「300万円以下」です。

大学を卒業したばかりの人も、給与明細書の1カ月分の総賃金支払額（額面）が25万円（賞与の支給がある場合。賞与の支給がない場合は33万円）未満であれば、推定年間収入金額が承認基準の300万円以下と見なされ、「返還期限猶予」の制度を利用できます。

なお、給与以外の所得の世帯の場合、収入金額から必要経費を差し引いた金額が200万円以下であることが要件です。配偶者、子どもの扶養などでも要件が変わりますので、詳細はJASSOのホームページでご確認ください。

Check 18

注意！「延滞が3カ月以上」になるとブラックリストに載ることも

貸与型奨学金を借りるときには、申し込みのときに「確認書兼個人信用情報の取扱いに関する同意書」という書類を提出します。このことは、奨学金を借りて卒業後に返すとき、「返還が一定期間以上滞った場合」に、「延滞となっていることが個人信用情報機関に登録」されることを意味しています。いわゆる「ブラックリストに載る」ということになります。

どれくらい滞《とどこお》るとまずいのかというと、「返し始めてから6カ月経過した時点」で、「延滞3カ月以上」で個人信用情報機関に登録されます。しかも、いったん登録された返還情報（返還・延滞など）は、返還完了後も「5年間」は登録されたままになってしまいます。

多くの人は返還期間が15年や20年になっています。それが終わったあとでも5年間は個人信用情報機関に情報が登録されたままになるということは、人によっては50歳になるくらいまで「登録されたまま」となってしまいます。延滞していた情報などが登録されてしまうと、クレジットカードが使えなくなったり、住宅ローンや自動車ローンなどが組めなくなったりする可能性があります。「3カ月以上の延滞」がポイントです。しっかり注意してください。

入学後・在学中にしておきたいこと11

延滞が長期にわたると「どんな法的措置」がとられるのか知っておく

貸与型奨学金を借りるときには、将来にわたって「返還の義務のある借金」であることを認識しておくことが大切です。同時にもし計画通りに返還できず、延滞が長期にわたってしまった場合には、どんな法的措置がとられてしまうのかも理解しておきましょう。

延滞が長期にわたると、返還期日が到来していない分も含めた返還残額と利子（第二種など）、そして延滞金（年3％の割合）について全額一括での返還が請求されます。連帯保証人・保証人に対しても法的手続きがとられ、最終的に強制執行に至ることもあります。給与も差し押さえられ、職場に通知が行き、解雇の恐れもあるでしょう。

なお、機関保証の場合には、いったん保証機関が全額を一括で返還した後、保証機関が本人に請求してくる流れです。支払えないと、年10％の遅延損害金が加算され、法的措置がとられます。最終的には強制執行に至ることもあります。

〈図表4-13〉延滞が長期にわたったときに執行される可能性のある法的措置

延滞が長期にわたると……

- 全額（残額と利子、延滞金を含めて）の一括返還を求められる
- 人的保証の場合には保証人にも連絡がいく！
- 最終的には職場への連絡や給与の差し押さえも
- 機関保証の場合、保証機関が一括返還し、その後、保証機関に対して年10％の遅延損害金を含めた返還が必要に

もし、奨学金を返すのが遅れそうになったときには、まず、JASSOの「奨学金返還相談センター」（電話：0570-666-301　ナビダイヤル）に電話するなどして相談してください。

延滞金があると返還猶予などの救済措置も受けられなくなってしまう点に要注意です。「督促がくるまでいいや」と放っておいたり、「とりあえず今月分はキャッシングで借りて払っておこう」と金利の高いローンを安易に借りてしまったりすると、あとあと取り返しのつかない事態になってしまいかねません。

まずは相談をして減額返還や返還期限猶予などの対策をとるようにしてください。

☑Check 19

「毎月いくら」「何年間、返し続けるか」がわかるシミュレーションを利用しよう

貸与型奨学金を「毎月いくら借りたら」、将来、「何年間にわたって」「毎月いくら返還していけばいいのか」を、より具体的にイメージするために、ＪＡＳＳＯの「奨学金貸与・返還シミュレーション」を利用することをおすすめします。

このシミュレーションを利用して、第一種や第二種で借りたい月額、返還方法などを選択していくと、奨学金の総額と、それを「毎月いくら」「何年間にわたって返還するのか」がわかります。奨学金の返還をより具体的にイメージできるので、ぜひ、利用してみてください。

【ＪＡＳＳＯ 奨学金貸与・返還シミュレーション】
https://simulation.sas.jasso.go.jp/simulation/

入学後・在学中にしておきたいこと12

「地方創生による奨学金返還支援制度」も確認してみる

大学3年に進級した頃から、就職についての情報収集などを始める学生もいるでしょう。奨学金を大学４年の3月まで借りた学生の場合は、卒業後の10月から奨学金の返還が始まります。

希望通りの仕事で安定した収入を得られるように、早めに就職活動をスタートさせる学生もいますが、その際、大都市圏での就職だけではなく、「地方へのＩターンやＵターンでの就職」も選択肢のひとつとして考えてみてはいかがでしょう。

というのも、現在、さまざまな地方自治体が、地方創生を目的に地元産業界と協力し、地元企業に就業した学生の奨学金返還を支援する制度を実施しているからです。つまり、ＩターンやＵターンで地方に就職すると、就職先によっては「奨学金返還の負担を軽減できる」ことがあるということ。

どの地方自治体が奨学金返還の支援制度を実施しているかは、ＪＡＳＳＯのホームページで確認できます。

【地方公共団体の返還支援制度】
https://www.jasso.go.jp/shogakukin/chihoshien/sosei/seido/index.html

Ｉターンやリターンでの就職を考えている学生は、ぜひ、前向きにチェックしてみてはいかがでしょう。

第5章

より大きな夢を叶えるための奨学金活用術！

大学院進学・留学を考えるなら「始めておくべきこと」

大学院や海外留学など、大学に進学したらさらに「その先の学び」を考える人もいるでしょう。大学院進学や海外留学を考える人は、大学での新生活がスタートしたばかりの大学1年の4月から準備を始めることをおすすめします。

大学院への進学にはお金がかかりますが、大学在学中の成績が優秀であれば、入学金の免除や授業料減免などの優遇制度を受けられることがあります。その際、忘れてならないのは、「大学1年から4年までの成績」が評価の対象となるということ。大学3年や4年になってから優遇制度を受けようとしても、大学1年や2年の成績によっては受けられないこともあります。大学3年や4年になってから準備をするのでは、「すでに遅い」こともあるのです。

また、海外留学を考える人も、そのための奨学金を受けられる基準として、大学1年からの成績が対象となることがあります。さらに、海外留学に必要な語学力や資格の習得には、ある程度の準備期間が必要です。

この章では、大学院進学や海外留学を目指す人に向けて、奨学金を有効に活用するために入学直後から準備しておきたいことを説明します。

大学院への進学を考えているなら

大学院進学のために始めておくべきこと１

大学院進学にかかるお金を確認しておく

大学院への進学を考えるなら、まずは、いったいどれくらいのお金がかかるのかを確認しておきましょう。

国立大学の場合は、大学の入学金や授業料と同じように、どの大学のどの学部でも大きな違いはありません。入学金が28万2000円、授業料が修士（博士前期課程）で年間53万5800円、博士（博士後期課程）でも同じく53万5800円です。修士課程の2年間だけでも入学金を合わせると135万3600円（大学院によって多少、費用の差がありますす）。さらに博士課程で3年間、合計5年間学ぶと約300万円かかります。

〈図表5－1〉大学院（修士課程2年間）の学費の概算

	入学金	授業料	施設設備費等	合計（2年間）
国立大学	28万2000円	53万5800円	—	135万3600円
私立大学（文系）	20万円	80万円	7万5000円	195万円
私立大学（理系）	20万円	110万円	20万円	280万円

文部科学省「私立大学等の令和元年度入学者に係る学生納付金等調査結果」等より作成

大学院進学には非常にお金がかかるのです。ちなみに、博士課程に進む場合には、あらためて入学金が必要になるのが通常です。公立大学の大学院の授業料は、国立大学と比べて15万円前後、安いことが多いようです。これも大学によって異なります。

一方、私立大学の大学院の授業料は大学によっても、また、理系か文系かといった学部によっても、入学金や授業料が異なります。

例えば、文学部の大学院なら修士（博士前期課程）の2年間で入学金と授業料を合わせて約130万円ですむところもあれば、理工学部の大学院になると2年間で400万円以上もかかる、ということもあります。

おおまかな目安としては、私大の文系学部の大学院では修士の2年間で200万円前後、理系学部の大学院で280万〜400万円くらいを考えておくといいでしょう。

大学院進学のために始めておくべきこと２

大学院向けの奨学金の種類と金額を確認しておく

大学院進学のためにＪＡＳＳＯの奨学金を利用しようという人も多いでしょう。ＪＡＳＳＯの大学院向けの奨学金には、大学院進学前に予約する「予約採用」と、大学院進学後に申し込む「在学採用」があります。

借りられる奨学金には、「利子がつかない」第一種、「利子がつく」第二種、そして、大学院入学時に特別に一時金を借りられる「入学時特別増額貸与奨学金」があります。もちろん、第一種と第二種の併用もできます。

このあたりは、大学進学のときに借りる奨学金と比べて原則、大きな違いはありません。ただし、大学院進学のための奨学金には、「返さなくていい」給付型の奨学金はありません。

大学院向け奨学金のうち第一種は、修士（博士前期課程）か、博士（博士後期課程）かに

〈図表５－２〉大学院生向け第一種、第二種の貸与額

●第一種の貸与月額

区分	貸与月額
修士課程相当(※1)	5万円、8万8000円
博士課程相当(※2)	8万円、12万2000円

※1 修士課程、博士前期課程、専門職学位課程（専門職大学院）、一貫制博士課程前期相当分
※2 博士課程（博士医・歯・薬（6年制学部卒）・獣医学課程を含む）、博士後期課程、一貫制博士課程後期相当分

●第二種の貸与月額

区分	貸与月額
修士課程相当(※1)	月額5万円、8万円 10万円、13万円または15万円
博士課程相当(※2)	

※法科大学院の法学を履修する課程の場合、15万円に4万円、または7万円の増額が可能

JASSO資料をもとに作成

よって貸与額が変わります。

　修士（博士前期課程）で月額5万円、または8万8000円、博士（博士後期課程）で月額8万円、または12万2000円です。

　一方、第二種の貸与額は、修士や博士など課程にかかわらず、月額5万円、8万円、10万円、13万円または15万円の5種類から選べます。

大学院進学のために始めておくべきこと3

第一種の学力・家計基準を確認しておく

大学院への進学を考えるなら、まずは、第一種を受けられる学力基準と家計基準を確認しておきましょう。

大学院への進学を考える人の中には、すでに社会人として働いていたり、専門的な分野で仕事についていたりする人もいます。そこで、家計基準では「本人の収入」が基準の一つとなっています。

第一種を受けるための学力・家計基準は次のようになっています。

学力基準は、まず、大学4年間の学業成績が重視されます。また、いったん他の大学院に進み、その後に別の大学院に入り直す人のケースでは、大学のときの学業成績だけでなく、大学院における成績も重視されます。成績が優れていて、将来、「高度の専門性を要する職業」などで活躍できる高い能力を備えていると認められることが条件です。

〈図表5-3〉大学院生向け第一種の家計基準

299万円 （注:389万円）	修士・博士前期課程
340万円 （注:442万円）	博士後期課程 博士医・歯・獣医・薬（6年制学部卒）学課程

（注）研究能力が特に優れている者、特別な事情があると認められる者などについての収入基準超過額の許容範囲。

JASSO資料をもとに作成

第一種を借りようと思っている人は、自分の大学での成績はどうなのかを、進学を考えている大学院の奨学金の窓口に問い合わせるのが近道です。

家計基準では、本人の収入（定職、アルバイト、父母などからの仕送りや給付、奨学金、その他の収入により本人が1年間に得た金額）と、結婚している人なら配偶者、つまり夫や妻の収入の金額の合計額が、修士（博士前期課程）を目指す人で年間299万円以下、博士（博士後期課程）で年間340万円以下が対象となります。

大学院進学のために始めておくべきこと４

第二種の学力・家計基準を確認しておく

第一種と比べると、利子がつく第二種を借りるための基準はいくぶんか緩やかに設定されています。

ポイントは、「大学院における学修に意欲があり、学業を確実に修了できる見込みがあると認められること」という文言が追記されていることです。

ようするに、学ぶ意欲があれば第二種を借りることは可能ということです。

この学力基準からもわかるように、修士課程でも博士課程でも、大学院で学ぶ意欲があれば、第二種を申し込むことはできます。

次に家計基準を確認しておきましょう。

第二種は家計基準も第一種と比べると少し緩やかです。本人の収入（定職、アルバイト、父母などからの仕送りや給付、奨学金、その他の収入により本人が１年間に得た金額）と

〈図表5-4〉大学院生向け第二種、併用の家計基準

●大学院生向け第二種の家計基準

修士・博士前期課程	536万円
博士・博士後期課程 博士医・歯・薬・獣医課程	718万円

●第一種・第二種併用の家計基準

修士・博士前期課程	284万円
博士・博士後期課程 博士医・歯・薬・獣医課程	299万円

※本人の収入（定職、アルバイト、父母等からの給付、奨学金、その他の収入により本人が1年間に得た金額）と配偶者の定職収入の金額の合計額が上記の金額以下のときに選考の対象となる。

JASSO資料をもとに作成

配偶者、つまりは夫や妻の収入金額の合計額が、修士（博士前期課程）を目指す人で年間536万円以下、博士（博士後期課程）で年間718万円以下が対象となります。

第一種と第二種の併用の学力基準は、第一種を借りるときの学力基準と同じです。

第一種・第二種併用の家計基準は、修士（博士前期課程）を目指す人で年間284万円以下、博士（博士後期課程）で年間299万円以下と第一種よりも厳しくなっている点に留意が必要です。

大学院進学のために始めておくべきこと5

「返還免除」制度を知っておく

ＪＡＳＳＯが大学院を対象にしている奨学金では、「返さなくていい」給付型はありませんが、大学院向けの第一種を受けている人については、在学中に「特に優れた業績」を上げた人に対して、貸与期間終了時に「奨学金の全額、または半額を免除する」制度があります。「特に優れた業績による返還免除制度」と呼ばれています。

大学院でＪＡＳＳＯの第一種を借りていて、この制度を利用しようと申請してきた人の中から審査によって選ばれます。

申請してきた人が多い場合、全員が認められるわけではない仕組みであることは知っておきましょう。

「特に優れた業績による返還免除制度」のポイントは、学問分野での研究成果だけでなく、例えば文化・芸術の分野で発表した作品が高い評価を得る、スポーツにおいて記録を出すなど「文化・芸術・スポーツ」におけるめざましい活躍をはじめ、ボランティアなどでの顕著な社会貢献なども評価の対象となるということ。

いずれのケースでも、この制度を申請するには、大学院で第一種を借りている本人が、貸与終了月のある年度内に大学長に願い出て、大学長からＪＡＳＳＯに推薦してもらう必要があります。

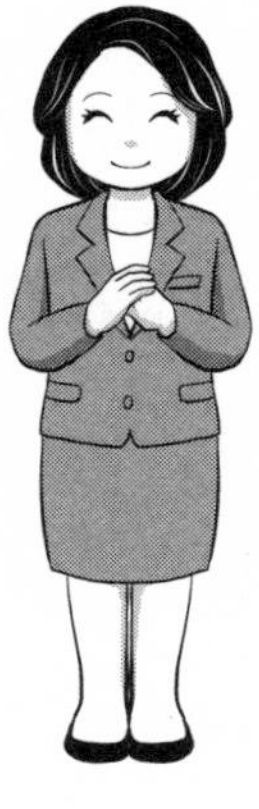

Check 20

大学院向け奨学金の申し込み方法、スケジュールは？

予約採用を申し込む場合は、「進学先の大学院」で申し込むことになります。

予約採用を行っていない大学院は、大学院進学後に「在学採用」で奨学金を申し込みます。

予約採用を実施しているかどうかは、進学予定の大学院に確認してください。

予約採用を実施している大学院では、通常、大学４年の９月・11月・１月頃に予約採用の申し込み受付があります。

ただし、この日程も大学院によって異なります。進学予定の大学院に予約採用実施の有無とあわせて、実施する場合にはいつ頃に申し込み締め切りがあるのか、スケジュールを確認するようにしてください。

また、大学院によっては、奨学金の希望者を対象に説明会も開催しています。

奨学金の説明会の日程も予約採用の申し込みの日程も大学院によって異なります。こうした情報は自分で確認し、奨学金を受けるための手続きに遅れないようにしてください。

〈図表 5－5〉大学院奨学金の申し込み時期と申し込み先

	申し込み時期	申し込み先
予約採用	大学4年の9月/11月/1月頃	進学予定の大学院
在学採用	大学院進学後の4月頃	進学した大学院

▼**在学採用の申し込みは進学先の大学院で毎年「春」に**

在学採用の申し込みは、進学した大学院を通じて行います。募集と申し込み時期は、原則として入学後の４月頃ですが、大学院によって異なります。在学している大学院に必ず確認して、申し込みの期限を過ぎてしまわないように注意してください。

海外留学を目指しているなら

海外留学のために始めておくべきこと1

希望する国では「いくらかかるのか」を確認しておく

海外への大学や大学院への留学を考えたとき、真っ先に気になるのは「いったい費用はどれくらいかかるのか」ということ。

これは、短期留学や長期留学といった留学する期間や、どの国のどの大学に留学するか、といった留学先によっても異なります。

また、留学の形態によっては、例えば、大学の協定校への留学であれば留学先での授業料はかからないといったケースもあります。

そのため、留学にかかる費用はケースバイケースとなってしまうのですが、例えばアメリ

〈図表5-6〉おもな国への留学費用の概算

	1年間の費用概算
アメリカ合衆国	約450万〜600万円
カナダ	約350万〜550万円
オーストラリア	約300万〜500万円
ニュージーランド	約250万〜450万円
イギリス	約450万〜600万円
中国	約200万〜400万円

カの大学への留学の場合は、1年間の留学で450万〜600万円程度、中国では1年間で200万〜400万円程度といわれています。

また、留学先が物価水準の高い国であれば、当然、生活費もかさみますし、一方では、ノルウェーなど留学生の授業料が無料の国もあります。

ただし、これらは授業料と生活費、住居費の概算です。留学準備のためのビザ取得、現地の大学に試験や面接を受けに行く場合の渡航や宿泊の費用などは含まれていません。

それらを合わせた費用がどの程度になるのかは、留学したい国と大学の候補を絞って、授業料や学生寮の費用などを調べていくことになります。

海外留学のために始めておくべきこと２

「留学のための準備」はどのくらい前から始めるべきか？

留学の準備にかかる期間は、留学先の国・地域や教育機関、留学形態によって異なります。一般的には、海外の大学に留学するケースでは、１年半くらい前から準備が必要とされています。

また、おもに語学の習得を目的とした語学留学の場合でも、少なくとも半年～１年前から準備に取りかかるのがおすすめです。

留学時の要件としてＴＯＥＦＬなどのスコアを求められることも多くあります。早めに受験して基準点をクリアしておくことも大切です。

海外の大学への留学を考えている人の場合、日本の大学が４月始まりであることを考えると、大学２年生の８月頃に出発して９月から留学先で学び、翌年７月～８月頃までの約１年間を休学するといったパターンが考えられます。

もちろん大学3年でも4年でも留学はできますが、就職活動などへの影響を考えて2年生のときに留学をする人が多いようです。

その場合、留学する1年半前くらいからの準備が必要となると、大学に入学した頃から、留学を意識して準備を始めるのが理想的といえそうです。

海外留学のために始めておくべきこと3

留学の1年以上前に締め切る奨学金もある！

実際に奨学金を借りる場合には、その奨学金の応募の締め切りなどについて、必ず通っている大学の窓口に確認するようにしましょう。

ＪＡＳＳＯの海外留学向けの奨学金は、原則、在学している大学の窓口を通じて申請する仕組みです。

海外留学の際に利用できる奨学金は、いずれも募集時期や締め切りがまちまちです。自分が通っている大学が海外留学奨学金の募集時期や締め切りを決めているケースもあるので、在学している大学の窓口で確認することを忘れないでください。

また、奨学金によって募集時期は異なるのですが、留学先から正式な入学許可を得てからの申請では間に合わないことも少なくありません。

海外の大学によっては、留学の1年以上前に奨学金の申し込みを締め切るといったケース

〈図表5-7〉無理なく留学準備と奨学金を借りるためのスケジュール

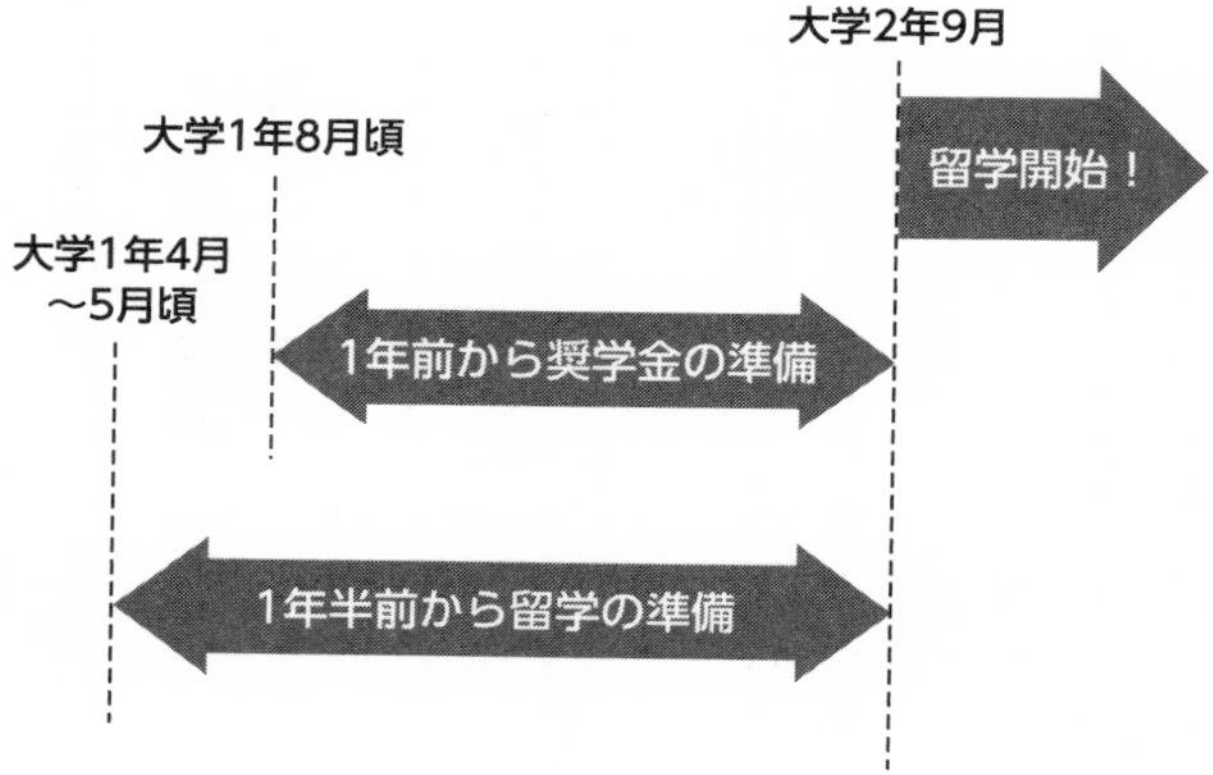

もあります。

先に、「留学準備は1年半くらい前から」と説明しましたが、奨学金を利用して留学を考えている人は、準備を開始するのと同じ「留学の1年半くらい前」のタイミングで、通っている大学の窓口に相談するなどして、応募資格がある奨学金と、その申請スケジュールを確認しておきましょう。

海外留学のために始めておくべきこと４

海外留学向け奨学金の種類を確認しておく

留学にかかる費用やその準備にかかる時間などを確認したら、次はどんな奨学金があるのかを確認しましょう。ここではおもにＪＡＳＳＯの奨学金を紹介しますが、在学している大学、あるいは留学先の大学によって独自の奨学金が用意されていることも。

さらには、政府が留学生受け入れのための奨学金を用意している国も数多くあります。ＪＡＳＳＯの海外留学支援サイトなどを参考にして調べることから始めましょう。

【海外留学支援サイト】http://ryugaku.jasso.go.jp/first/

コラム4

お金がかかる法科大学院進学のための奨学金制度

この章では、大学院進学や海外留学の費用をまかなうための奨学金について説明してきました。このうち大学院への進学には、国公立大学の大学院でも修士課程と博士課程の5年間で約300万円ものお金がかかります。大学院進学は非常にお金がかかるのです。

さらに、これらが法科大学院となると、国立でも私立でも、さらにお金がかかります。

法科大学院は3年制であるのが一般的ですが、国立大学であっても法科大学院は授業料が年間で80万4000円です。入学金は28万2000円と同じですが、3年間トータルでは、約270万円にもなります。通常の学部の修士が2年間で135万3600円だったのと比べると、約2倍です。

▼第二種を最大月額22万円まで増額できる

このため、法科大学院に通う人は第二種の奨学金を増額できるようになっています。経済的な理由で法曹界《ほうそう》への道をあきらめてしまう人を減らすという取り組みのひとつです。

通常の大学院の場合、第二種の貸与額は月額5万円、8万円、10万円、13万円、15万円から選ぶことになっています。これが、法科大学院の法学を履修する課程の場合、月額15万円にさらに4万円、または7万円の増額ができるのです。

青春新書
PLAYBOOKS
人生を自由自在に活動《プレイ》する

人生の活動源として

いま要求される新しい気運は、最も現実的な生々しい時代に吐息する大衆の活力と活動源である。

文明はすべてを合理化し、自主的精神はますます衰退に瀕し、自由は奪われようとしている今日、プレイブックスに課せられた役割と必要は広く新鮮な願いとなろう。

いわゆる知識人にもとめる書物は数多く窺うまでもない。

本刊行は、在来の観念類型を打破し、謂わば現代生活の機能に即する潤滑油として、逞しい生命を吹込もうとするものである。

われわれの現状は、埃りと騒音に紛れ、雑踏に苛まれ、あくせく追われる仕事に、日々の不安は健全な精神生活を妨げる圧迫感となり、まさに現実はストレス症状を呈している。

プレイブックスは、それらすべてのうっ積を吹きとばし、自由闊達な活動力を培養し、勇気と自信を生みだす最も楽しいシリーズたらんことを、われわれは鋭意貫かんとするものである。

―創始者のことば― 小澤和一

著者紹介
竹下さくら〈たけした さくら〉
ファイナンシャル・プランナー（CFP®）、1級ファイナンシャル・プランニング技能士。千葉商科大学大学院MBA課程（会計ファイナンス研究科）客員教授。兵庫県神戸市生まれ。慶應義塾大学商学部にて保険学を専攻。損害保険会社、生命保険会社勤務を経て、1998年にFPとして独立、現在に至る。「なごみFP事務所」にて主に個人のコンサルティングを主軸に、講演・執筆活動を行っている。二児の母。主な著書に『「教育費をどうしようかな」と思ったときにまず読む本』（日本経済新聞出版）などがある。

緊急対応版《きんきゅうたいおうばん》
「奨学金《しょうがくきん》」上手《じょうず》な借《か》り方《かた》 新常識《しんじょうしき》　青春新書 PLAYBOOKS

2021年4月15日　第1刷

著者　竹下《たけした》さくら
発行者　小澤源太郎

責任編集　株式会社プライム涌光
電話　編集部　03(3203)2850

発行所　東京都新宿区若松町12番1号 〒162-0056　株式会社青春出版社
電話　営業部　03(3207)1916　振替番号　00190-7-98602

印刷・三松堂　製本・フォーネット社

ISBN978-4-413-21180-2

青春新書
PLAYBOOKS

人生を自由自在に活動する――プレイブックス

免疫力は食事が9割

森由香子

「食」こそ最強の「感染症対策」！
管理栄養士が教える
「負けない体」の食事術

P-1176

世界の知恵を手に入れる 座右のことわざ365

話題の達人倶楽部［編］

「笑って暮らすも一生、泣いて暮らすも一生」など。一日一日を明るくする世界のことわざを収録

P-1177

上手に発散する練習

名取芳彦

「きれいごと抜き」で大人気の下町の和尚が教える、〝風通しのいい心〟になる考え方。うつうつ、くさくさ、モヤモヤがすーっと流れるヒント。

P-1178

数学は図で考えるとおもしろい

白取春彦

世の中を見る目が変わる
「おもしろい数学」。
知識ゼロでもすっきりわかる！

P-1179